塾へ行かなくても得点力がぐ〜んと上がる!

ふくしま式で身につく!

国語読解力

ふくしま国語塾 主宰 福嶋隆史 Takashi Fukushima

大和書房

はじめに

「国語の点数が伸びない」と悩むお母さんお父さんに伝えたいこと

「わが子の国語の成績が伸びない。

試しに、大手塾の全国テストを受けさせてみた。散々な結果だった。

選択式問題では、根拠もなくいいかげんに選んでいるとしか思えない。

記述式問題では答案が空白。あるいは意味のとらえづらい文が書かれているだけ。

わが子の国語力のなさには、ほとほと困り果てた。

親である私にも、自慢できるほどの国語力はないけれど、なんとかして教えてあげたい。教える、というような大それたことでなくとも、何か手助けになることをしてあげたい。

親としてできることがあるのなら、何かひとつでも、やってあげたい」

この本は、そんな方々のために書きました。

国語は、本当に難しい教科です。

教え方、あるいはサポートの仕方に自信を持てずにいるお母さんお父さんは、きっとたくさんいらっしゃることでしょう。

いや、**実は、学校や塾の先生にすら、国語の教え方にはあまり自信がないという方がいます。**

国語とは、そういうものです。

言葉を扱う教科であるがゆえに、勉強らしい勉強をしなくても、ある程度は〝できて〟しまう。〝できた〟ような気持ちになれる。

言葉を扱う教科であるがゆえに、親も教師も、「指導法」を持たずに教えようとしてしまう。それでも、なんとかかんとか教えることが〝できて〟しまう。〝できた〟ような気持ちになれる。

しかし結局、成績は上がらない。書く文章はどれも稚拙なまま。

このような状況は、なんとかしなければなりません。

この本を手にしているあなたは、きっと、そういった思いを抱きながら打開策をあちこち探し、あれこれと試してきたはずです。

しかし、そのたびに「今ひとつ」といった感触が残った――。

もしかしたら、今も半信半疑でページをめくっているかもしれません。

でも、安心してください。

この本を読み終えたときには、これまでのどの本でも感じることのなかったような「手ごたえ」を得ることができるはずです。

そうか、これが「方法」というものなのか。

これが、国語の「教え方」なのか。

そういった新しい発見を得るとともに、今すぐその方法を試してみたいという衝動に駆られることでしょう。

さあ、さっそく、最初の一歩を踏み出しましょう。

ふくしま国語塾・主宰　福嶋隆史

CONTENTS

第1章 文章を作るのが苦手な子にどうアドバイスする？

第2章 子どもの「書く力」を伸ばす10の習慣

第3章 読解力がない子にどうアドバイスする？

第4章 子どもの「読み解く力」を伸ばす10の習慣

第5章 「語彙の豊かな子」の親がしている5つの習慣

Column

本書は小社から2011年9月に刊行された
『ふくしま式 難関校に合格する子の「国語読解力」』を
改題、加筆、再編集したものです。

序　章

テストの点を上げるにはどこから手をつければいい？

01

子どもを「国語ギライ」に導く三つの勘違い

○ 読書をすれば国語の成績は上がる？

「うちの子、国語の成績がなかなか上がらないんです。読書は好きなほうなんですが」

これは、私の塾に入門してくる小学生のお母さんの言葉です。

半数以上の方が、このように話します。

皆さんが強調するのは、**「読書は好きなほうなんですが」**の部分です。

読書をしているんだから、国語力が自然に身についてもおかしくないはずなのに。

そんな思いが感じられます。

しかし、まずここに一つ目の勘違いがあります。

いわゆる読書というのは、「多読」のことです。一ページごと、一段落ごとに立ち止まって詳しく検討するような「精読」とは異なる、量を優先した読み方です。

一方、国語のテストで求められるのは、「精読力」です。どんなに多読を繰り返しても、**意図的な精読の練習を積まない限り、そう簡単に成績は上がりません。**

しかも、小学生の読書と言えば大半が物語文です。

精読力を磨く際にまず読むべきは、**論理的な筋道が明快に示されている「説明的文章」**であり、それがあえて隠されている「文学的文章」ではありません。

どんなに物語文を多読しても、国語の成績には直結しないのです。

○ センスがないと国語力は伸びない？

「うちの子は、日記や作文を書くのは意外に好きなんです。でも、どうにもセンスがなくて……」

これまた、お母さん方の言葉です。ここにも大きな勘違いがあります。

国語は、センスの科目ではありません。

国語は、論理の科目です。

もちろん、センス（持って生まれた感性あるいは才能）というものの存在を、私は否定しません。そういったものから目を背け、「どんな子にも絶対に無限の可能性がある！」などと言い放つつもりはありません。

しかし、「国語はセンスだ」と思い込むあまり、**国語力を伸ばす余地がまだまだあるにもかかわらず、早々とあきらめてしまっている人がたくさんいる**のも事実です。

そもそも、言葉というものは後天的に身につけるものです。

生まれながらに言葉を操作する技術を身につけている子なんて、どこにもいません。

国語力を高めるために**「今」から手を打つということは、決して無駄なことではなく、むしろ実行する価値のあること**なのです。

○ 国語には「勉強法」がない？

先ほど、「読書をすれば国語力は上がる」という誤解について書きましたが、「読書」については、次のような誤解もよく見聞きします。

「結局のところ国語の勉強法は読書しかない。それ以外に勉強法なんて存在しない」

読書万能主義とでも言いましょうか。

こういう考えを信じている限り、国語力は永遠に伸びないでしょう。

算数の勉強法と言えば、公式を覚え、それを活用する練習を積むことです。

同様に、国語の勉強法も、公式を覚え、それを活用する練習を積むことです。

いわば**〝国語の公式〟をマスターすることこそが、国語の勉強法**なのです。

〝国語の公式〟だなんて、大げさな表現だと思うかもしれません。そんなもの、あるはずがない――そう思うのも、無理はありません。何しろ、それを明快に教えてくれた人、あるいは本は、これまで皆無に近かったはずですから。

しかし、この本を最後までお読みになったとき、その思いはきっとくつがえされていることでしょう。

国語の公式。それは、言いかえれば「言語技術」です。

そう、**国語科とは、技術を学ぶ科目**なのです。

子どもの国語力を伸ばしたいのなら、まず何よりも、この点を意識する必要があります。

では、その技術とはいかなるものなのか？　それを、次にご説明します。

02

「正確な読み・書きに直結する」国語力を育てる

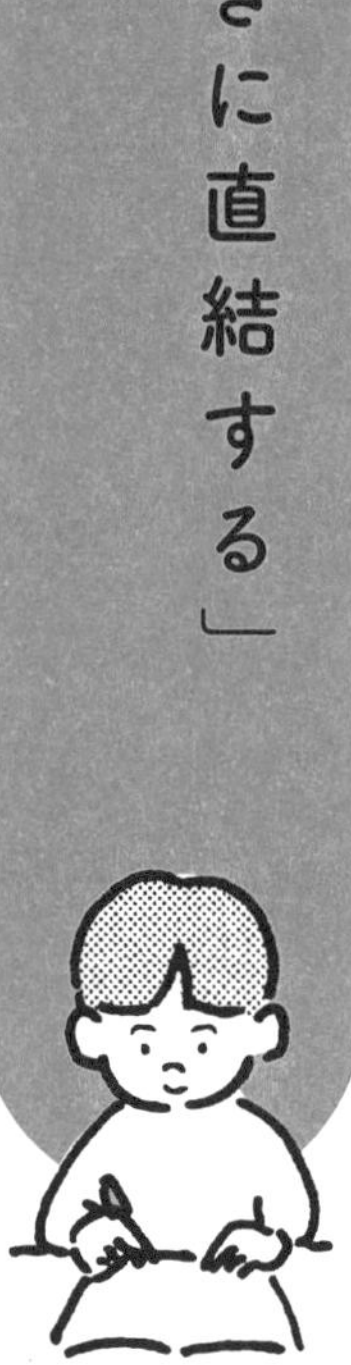

「本当の国語力」とは、どんな力？

「国語力とは何か」という問いに対し、あなたならどう答えますか？

作文力・読解力・表現力・コミュニケーション力？

いずれも、答えになりません。

では、「話す力・聞く力・書く力・読む力」はどうでしょう。

これらは学習指導要領における国語科の分類です。

しかし、これとて定義にはなり得ません。

そもそも「力」とは、**「なんらかの技術を使いこなすための能力」**のことです。

技術そのものの姿がぼやけている限り、それは、実体を持たないあいまいな〝代名詞〟にすぎません。

話す力って、具体的に「何をどうする能力」なのでしょうか？　聞く力は？　書く力は？　読む力は？　どれも、具体的な技術の「形」が、ぼんやりしています。

「野球力」「バスケットボール力」などという言葉が奇妙であるのと同様、「書く力」「読む力」などという言葉もまた、奇妙なのです。「野球力」「バスケットボール力」の正体は、投力、打力、走力、跳躍力など、個々の運動技能です。

同様に、「国語力」もまた単なる〝代名詞〟です。それは「運動力」のようなものであり、実体を持ちません。

つまり、**「国語力」なるものは存在しない**のです。「国語力」を伸ばしたいのなら、**その〝本体〟である「個々の技能」を伸ばす以外に手はありません。**

では、「国語力」における「技能」の正体とは、何なのでしょうか。

○国語力とは「論理的思考力」である

「国語力がある」とは、どんな状態を言うのでしょうか。

相手の言葉を、整理して「受信」することができる。

自分の言葉を、整理して「発信」することができる。

それが、「国語力がある」という状態です。

「受信できる」イコール「聞く力・読む力がある」ということです。

「発信できる」イコール「話す力・書く力がある」ということです。

大切なのは、**「整理して」**の部分です。

国語力が低いと、相手の言葉も自分の言葉も、整理することができません。そうなると言葉は混乱する一方となり、すべてが難しく見えてきます。整理が必要です。

「理」は「筋道」を意味します。筋道を整えること。それが「整理」です。

そして、「論理」もまた同様の意味を持ちます。

論理的思考とは、筋道を整えていくことです。

論理的思考とは、混乱したことを整理し、難しいことを単純にしていく作業です。

多くの方は、「論理的思考」という言葉を聞くと「難しそう」というイメージを抱くようですが、実は全く逆。

論理的思考の方法を学べば学ぶほど、ものごとは単純明快になっていきます。

そして、その論理的思考の方法それ自体も、実は単純明快な構造をしています。

○キーワードは「関係」

論理的思考とは筋道を整えることである、と書きました。

では、「筋道」とは何でしょうか。

それは、「関係」のことです。

「みかん・バナナ・ぶどう」と「果物」の間には、**「同等関係」**があります。

「白」と「黒」の間には、「対比関係」があります。

「宿題を忘れた」と「叱《しか》られた」の間には、**「因果関係」**があります。

このような「関係」こそが、個々バラバラなものごとを一本の筋道にしてくれます。

すなわち、「論理的思考」とは、**「一見バラバラに思える言葉や考えの間に関係を見つけ出し、それを整理すること」**であり、「論理的思考力」とは、そのための技術を使いこなすための能力、ということになるわけです。

さあ、次は、その「関係」をより具体的に探っていくことにしましょう。

03

論理的思考の鍛錬こそが国語学習の「すべて」である

○国語力の構造はこうなっている！

「論理的思考力」の具体像を探る前に、まずは次のページの図をご覧ください。

これが、国語力の構造図です。

国語力の中核は**「論理的思考力」**であり、これは〝国語力そのもの〟と言ってもよい存在です。

ただし他にも、この本では**「語彙《ごい》力」**及び**「文字を筆記する速度等の能力（書字力）」「文章を音読する速度等の能力（音読力）」**についても扱っています。

なお、ここで言う「語彙力」とは、「言葉をどれだけ知っているか」という、純粋な「知識の量」です。言葉を「使いこなす」能力は含みません。それは「論理的思考力」に含まれるものです。語彙力については、第5章で詳しく述べます。

［ これが「本当の国語力」だ！（35ページの図も参照） ］

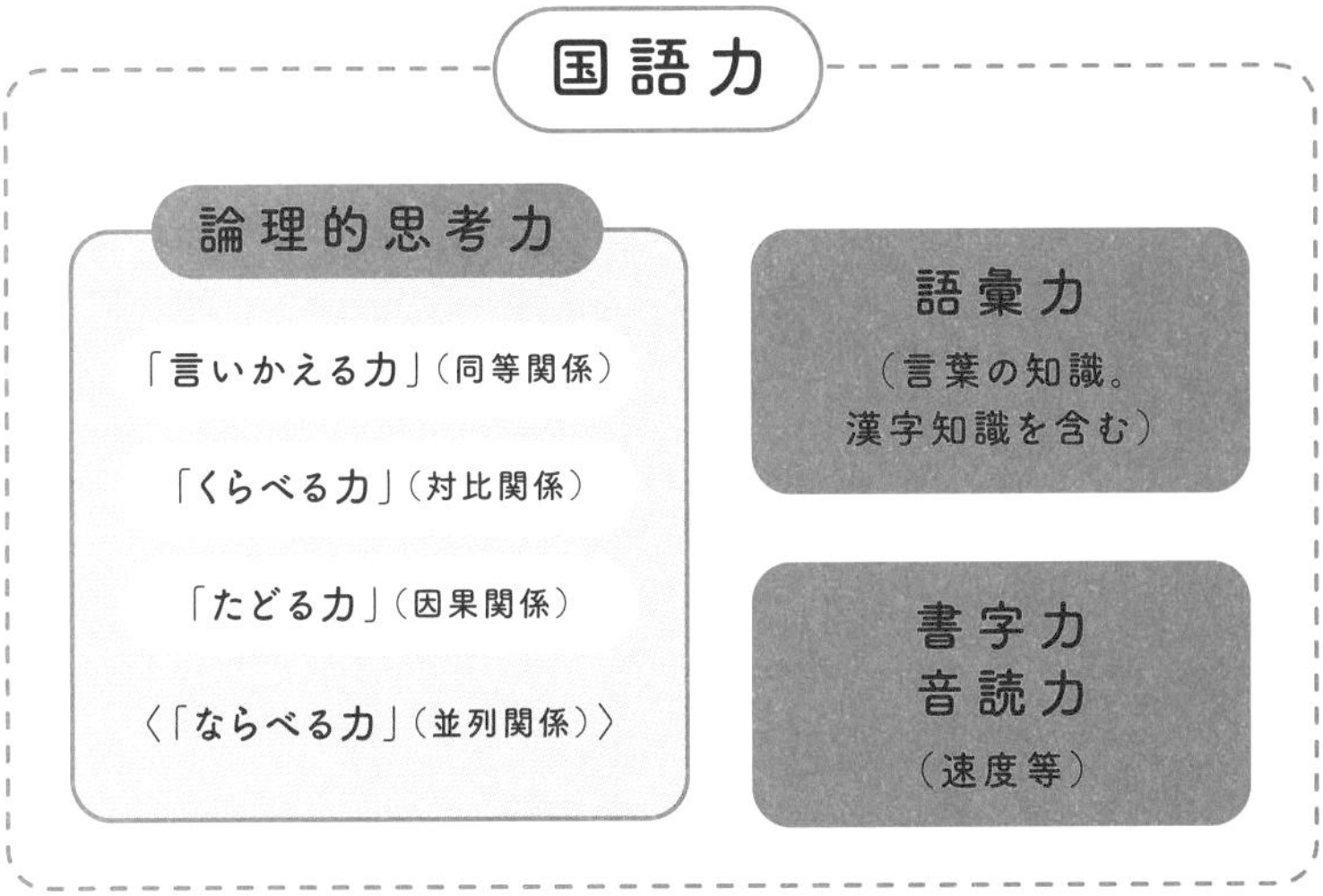

○論理的思考力を高める「三つの力」

さて、論理的思考力とひとくちに言っても、それこそ「運動力」のような漠然としたイメージがあります。

しかし、ご心配なく。そこには、しっかりとした実体があります。それは、次の「三つの力」です（32ページの図を参照）。

❶「言いかえる力」――同等関係（抽象・具体の関係）を整理する力

「みかん・バナナ・ぶどう。つまり、果物」――これが抽象化の基本形です。

「果物。たとえば、みかん・バナナ・ぶどう」――これが具体化の基本形です。

抽象化とは、具体的でバラバラなものごとに共通点を見つけ、それをもとに「まとめる」技術です。逆に、具体化とは、まとめられたものごとを「バラバラにする」技術です。「みかん・バナナ・ぶどう」と「果物」は同じ意味合いを持つもの同士ですから、これらは「同等関係」にあると言えます（ただし、意味の広さは異なりますから、数学的な〝イコール〟とは違います）。

「つまり・このように・すなわち」や**「たとえば」**などの接続語がカギとなります。

❷「くらべる力」——対比関係を整理する力

「白・黒」「重い・軽い」「安全・危険」といった「正反対の対比」、または「熱い・ぬるい」「バス・タクシー」「日本・西洋」といった「ワンセットの対比」に注目し、個々のものごとを整理していく技術です。

「それに対して・一方・しかし」などの接続語がカギとなります。

❸「たどる力」——因果関係を整理する力

「宿題を忘れた。だから、叱られた」「叱られた。なぜなら、宿題を忘れたからだ」といった、原因と結果の関係を整理します。

「A→だからB→だからC」あるいは「C→なぜならB→なぜならA」といったように、順序よく原因と結果をたどっていく技術です。

「だから・そのため・したがって」や**「なぜなら」**などの接続語がカギとなります。

これら「三つの力」を育てることが、論理的思考力を高めるための必要十分条件なのです（論理とは呼びづらい「並列関係」については、220ページなどで説明）。

［「論理的思考力」を高める三つの力］

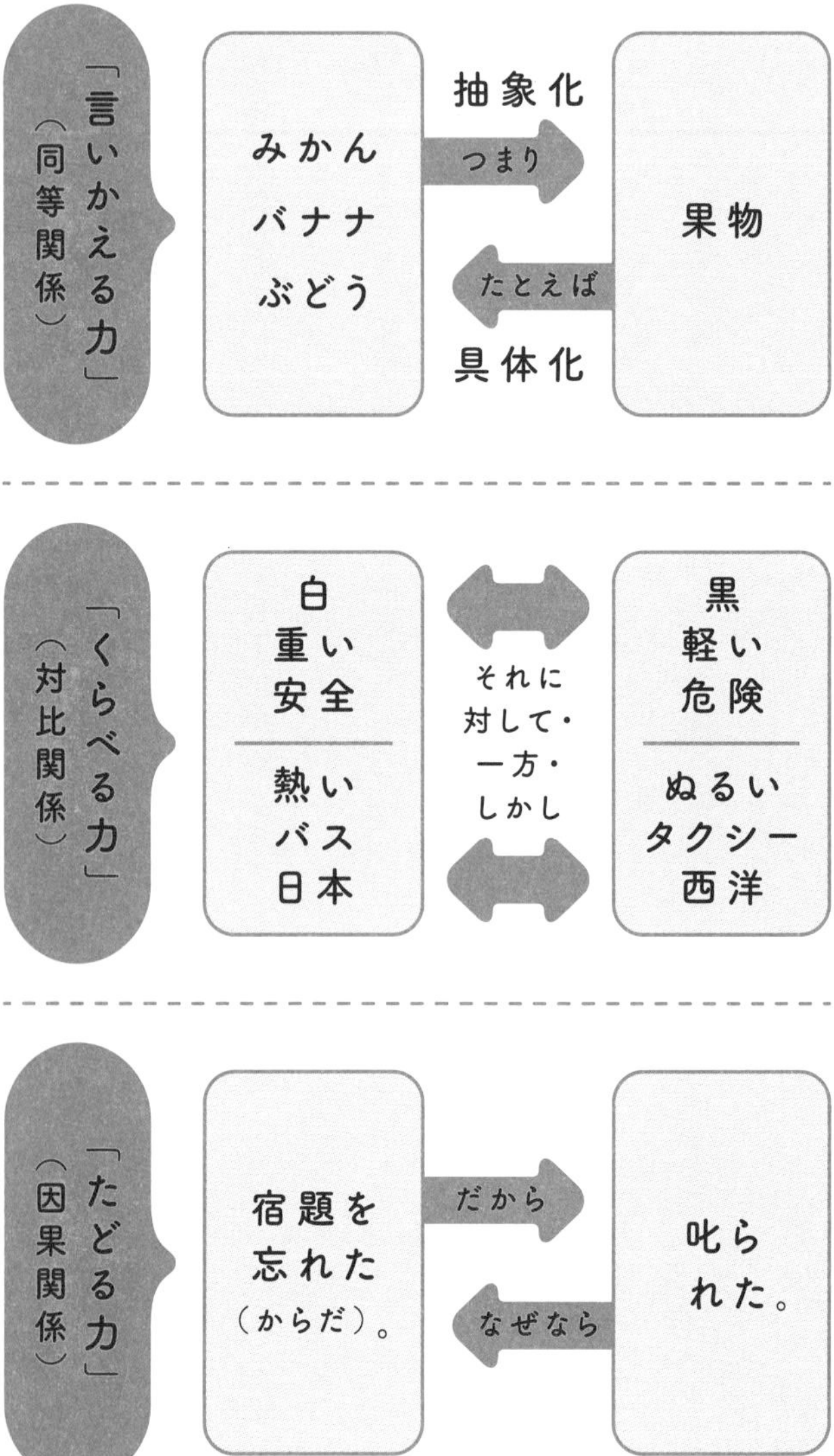

04

「読み」よりも「書き」の勉強を優先する

試験で求められる「読解力」とは何か？

与えられた長文を読み、問一、問二……と設問を解いていく形の、いわゆる「読解問題」。わが子（あるいは生徒）がいつも手を焼いているこの種の問題を、なんとかしてできるようにしてやりたい。

そんな一心でこの本を手に取った方も多いことでしょう。けっこうなことです。この本は、必ずその役に立ちます。

しかし、ただやみくもに技法を習得すればよいわけではありません。まずは、根底にある考え方をご理解いただく必要があります。

それは、**「読解力とは何か」**ということです。

通常、「読む」と言えば、筆者・作者の書いた文章をまずは「受け止める」、つまり

「受信」の作業であると考えられます。それはそのとおりです。

しかし、こと「文章読解問題を解く」となると話は別です。

そこで求められているのは、単に受信することではありません。

受信した内容を、第一に自分の頭の中で「整理」し、第二にそれを採点者に伝わりやすい形（かつ出題者が求めている形、たとえば制限字数）に再度「整理」して「発信」する。

文章読解問題では、ここまでの作業が求められています。

つまり、**「受信＋発信」の力**が試されているわけです。

昨今は、いわゆる「ＰＩＳＡ（ピザ）型読解力」の重要性が広く訴えられるようになりましたが、これなどはさらに「発信」重視です。

文章（連続型テキスト）だけでなく、図表やイラスト・写真（非連続型テキスト）からも情報を受信し、それを整理して発信する力が求められています。そういった情報を文章化するには、文章を文章に再編するよりもいっそう高度な発信力が必要になります。

どんなに「分かったつもり（受信したつもり）」になっていても、いざ誰かに説明（発信）しようとするとうまく説明できない。そういうことは、多々起こります。

その〝誰か〟とは、試験の場合は採点者です。

［「受信＋発信」の力を鍛えよう］

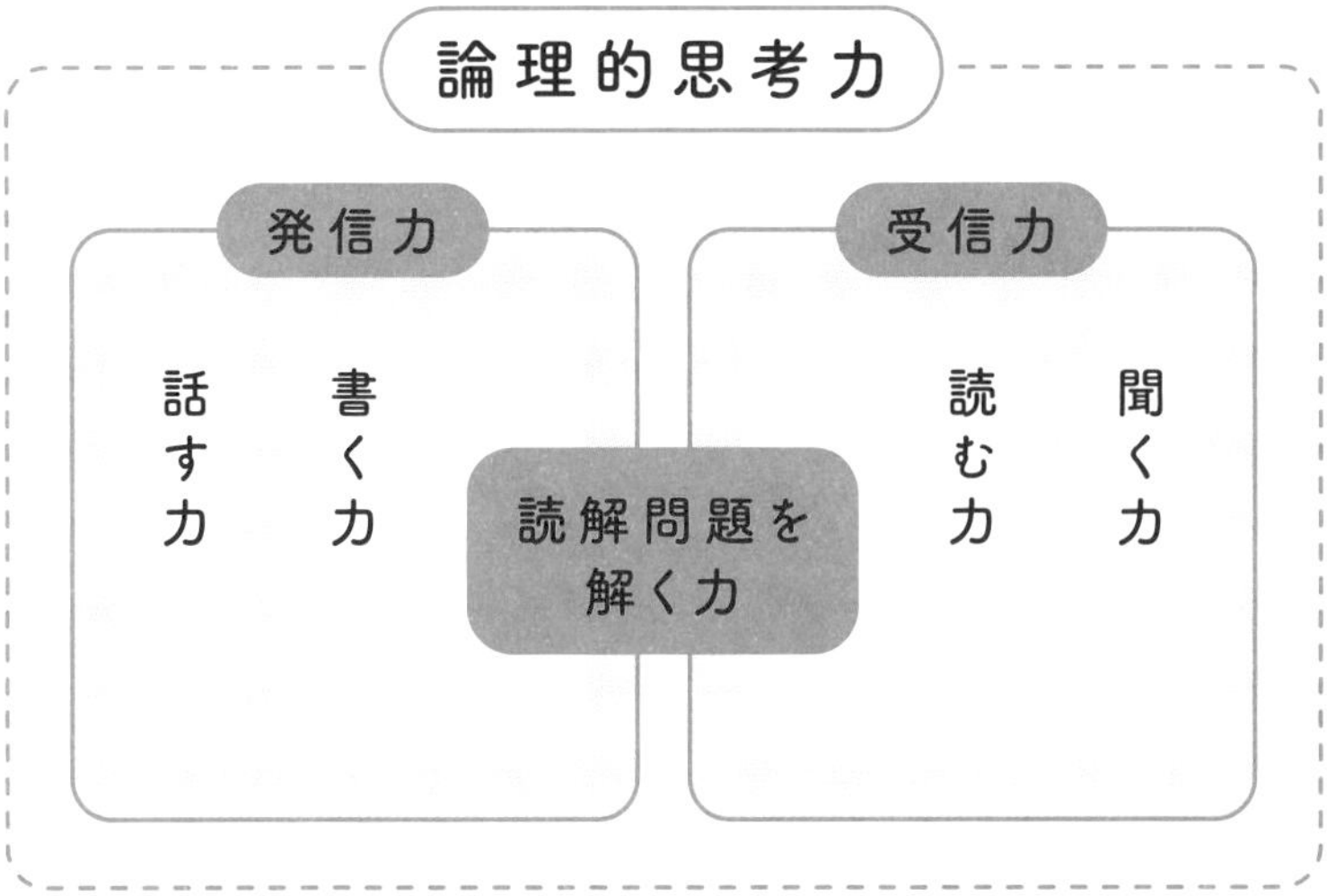

ですから、**試験で勝利したければ、「発信力」＝「アウトプットの力」＝「書く力」を磨く以外に手はないのです。**

○「自分」に説明できなければ「他者」に説明することはできない

今、少し疑問がわいた方がいるかもしれません。

「採点者にうまく説明できないことよりも、分かったつもり（受信したつもり）でいることにこそ、問題が潜んでいるのでは？」という疑問です。

そう、実はそのとおりです。

「分かったつもり」というのは、「理解したつもり」「整理できたつもり」ということです。先ほど書いた「第一に自分の頭の中で整理する」という、最初のステップにつまずきがある状態です。

これはいわば、「自分自身に対して説明できていない」状態です。

外部から入ってきた情報（文章など）が持つ意味を、**自分自身に対して「説明してあげる」作業、これを「理解」と言います。**

この説明の作業に不可欠なのが、「書く力」です。

外部から入ってきた情報を整理して、自分の頭の中のノートに「書き出す」のです。

この**「外部情報を整理して頭の中のノートに書き出す」**トレーニングは、そこに本や読解問題などがなくても行うことができます。

自分の身の回りにある情報を整理して文章化する練習をすればよいのです。

たとえば、「楽しかった体験」を具体化する。

たとえば、「友達に言われた言葉」とそれに対する反論を対比でまとめる。

たとえば、「不思議なできごと」の原因を探る。

これらは何も、何百字も使って行う必要はありません。ほんの二文や三文で書き出すところから始めればよいのです。

こういった、自分の身近にある外部情報を整理して書き出す練習を、「論理的思考力」＝「三つの力」を意識しながら行いさえすれば、「理解力」は確実に向上します。

そして同時に、**採点者にアピールできる「発信力」をも、磨くことができる**のです。

自分の身近にあることがらを自分自身で文章化できないうちに、他人が書いたハイレベルな文章の読解など、できるはずがありません。

まず「書く」練習。次に「読む」練習。この順序こそが、肝心なのです。

05

子どもの「好きなように」書かせてはいけない！

○「自由」は「不自由」!?

次の二つの指示のうち、国語力を高めるために有効なのはどちらでしょうか。

> ❶「どんな書き方でもいいよ。自由に、好きなように書きなさい」
> ❷「『なぜなら』という言葉を必ず使い、二文で書きなさい」

こうやって並べれば、②のほうが力をつけてくれるということは明白ですね。

しかし、**①のような「指示らしからぬ指示」を出す教師や親は、数え切れないほどいます。**あなたにも、きっと思い当たる節があるのではないでしょうか。

「自由に、好きなように書きなさい」

たしかに、とても美しい響きを持った言葉です。いかにも子どもを大切にしているように聞こえます。しかし、**自由に書けと言われた当の子どもの大半は、何をどうやって書けばよいか分かりません。**

プルークボーゲンもできないのにゲレンデへ連れていかれ、「さあ自由に好きなように滑りなさい」と言われても途方に暮れてしまうのと同じです。真っ白な雪原を前にしてスキー板が全く動かなくなるときのように、真っ白なノートを前にして鉛筆が全く動かなくなるのです。

自由に書かせようとすればするほど、自由が失われてしまうわけです。

○自由の限定が自由を拡大する

では、どうすれば子どもは「自由に」書くことができるようになるのでしょうか。

答えは簡単です。

意図的に自由を奪えばよいのです。

より正確には、自由を「限定」するということです。

「『AつまりB』の型で書きなさい」

「『AしかしB』の型で書きなさい」

「二文で書きなさい」

「三段落で書きなさい。ただし、一段落目に結論を書き、あとの二段落分で理由を書きなさい」

……と、こういった指示を、遠慮なく与えていく。

すなわち、書き方を限定していく。

これによってこそ、子どもは「書く技術」を体得できます。

そして、**「書く技術」を持てばこそ、自由に書けるようになります。**

自由を限定すれば、自由は拡大されるのです。

限定された「方法・技術・型」を、このように積極的に与えていくこと。

これが「教える」ということの本来のあり方です。

○「内容」より「形式」を重視する

少し話が大きくなりすぎました。戻しましょう。

今、書き方を限定する、と述べました。

これは、「どう書くか」つまり「形式」を限定するということです。

では、「何を書くか」つまり「内容」も限定すべきなのでしょうか。

答えはノーです。**内容は子どもに任せます。**

たとえば、「AだからB」という「型」のAとBに何を入れようと、それは子どもの自由です。**そこに論理性がありさえすれば、問題ありません。**

> 「この物語は途中で展開が読めてしまった。
> だから、読むのをやめたくなった」

たとえば、こんな個性的な読書感想文があってもよいわけです。

ここで、「面白かった点を書きなさい」などと最初から〝道徳的結論〟を書くよう限定してしまうと、子どもは書く気力をなくします。

国語教育と道徳教育は区別されるべきものです。

個性を重視したいのなら、型だけを与えましょう。

内容は子どもに任せるのです。

ただ、「今回のテーマは地球温暖化です」などと範囲を限定するのは、かまいません。あくまでも範囲だけを限定するわけですから、「温暖化は実は人間のせいではないのではないか？」などという〝非道徳的〟な方向性を持っていてもよいのです。

とにかく、優先すべきは「形式」です。「内容」ではありません。

今述べてきたことは、実は「読み」についても全く同様に当てはまります。

優先すべきは読みの「技術」の習得であり、文章の「内容」そのものの吸収ではありません。温暖化についての説明文を読む目的は「説明文を正しく読み取る技術の習得」であって、「温暖化の仕組みの理解」ではないわけです。

さあ、下準備はここまで。いよいよ、本編に入ります。

第1章

文章を作るのが苦手な子にどうアドバイスする?

「共通点」をとらえて書く

○「つまり〜」を使いこなせるようになる！

自分のメッセージを相手にしっかり届けるためには、まとめる力が不可欠です。

まとめて書く。まとめて話す。まとめて伝える。

「まとめる」とは、そもそも「抽象化」を意味します。**抽象化とは、個々バラバラなものごとの中に見え隠れする「共通点」を引っ張り出し、それを明確にすること**です。

つまり、「まとめる」とは、「共通点をとらえる」ことなのです。

たとえば、「みかん・バナナ・ぶどう」を抽象化すると、「果物」です。個々バラバラだった三つの具体物を、「どれも果物だ」という共通点をもとにまとめたわけです。

「みかん・バナナ・ぶどう」と「果物」との間には、「同等関係」が成立しています。

違うのは**「抽象的か具体的か」だけ**であり、意味合いは同等、ということです。

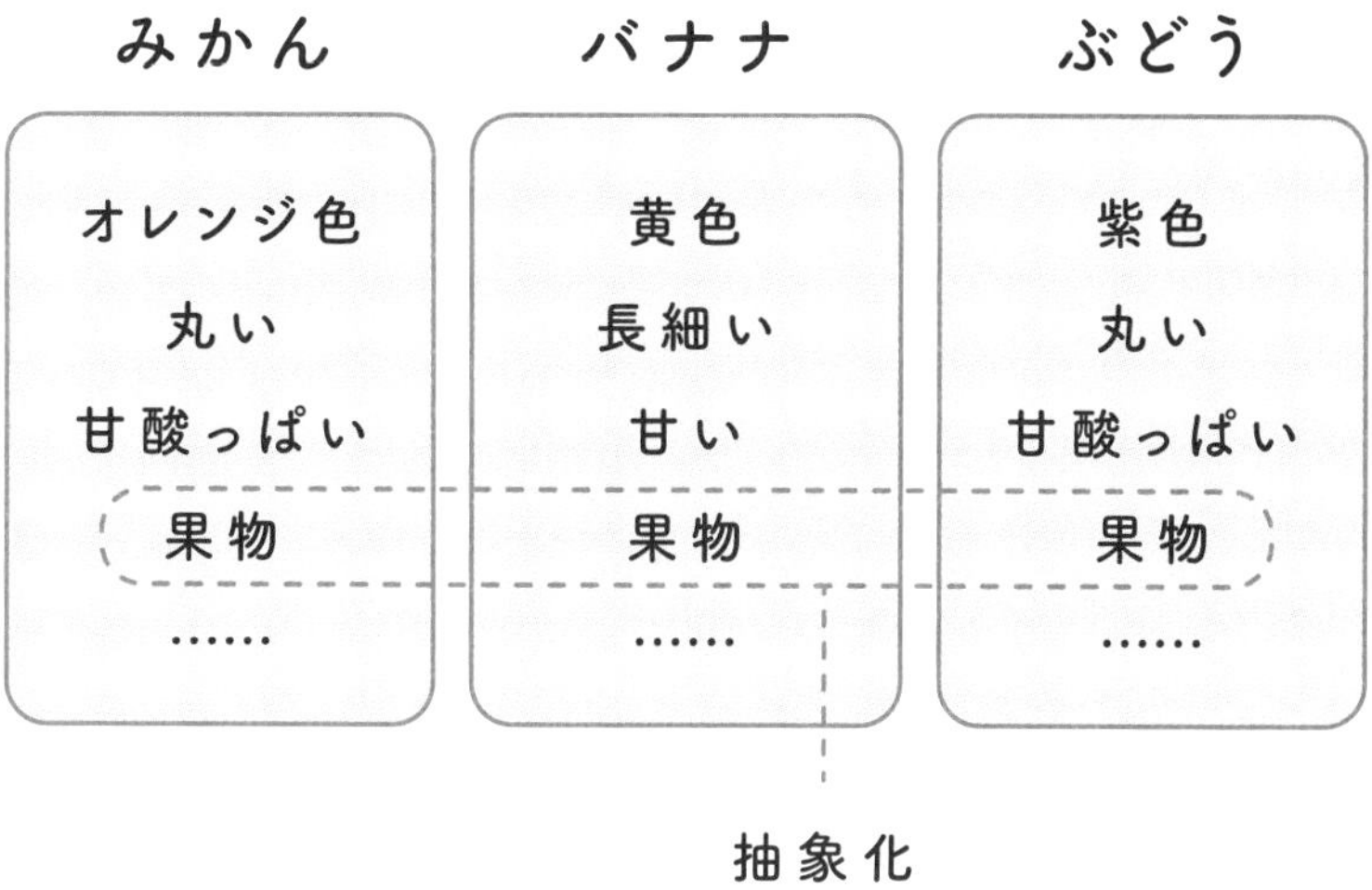

みかん・バナナ・ぶどう。
それぞれの特徴の中から共通点を引き出す
（書かれた特徴はあくまで一例）

別の例で考えましょう。日記を書くとき、次のように書いたとします。

具体

朝はサンマを食べた。昼はシシャモを食べた。夜はマグロを食べた。

これで終わると、何かもの足りない印象を受けます。次のような一文が必要です。

抽象

つまり、一日中、魚ばかり食べていたわけだ。

「朝・昼・夜」を「一日中」にまとめて言いかえ、「サンマ・シシャモ・マグロ」を「魚」にまとめて言いかえました。ここで初めて、腑《ふ》に落ちる文章になったわけです。

A、B、C。**つまり、**D。

これが抽象化の「型」です。このような言いかえの操作を、私たちは普段何気なく行っています。ところが、扱う内容が高度になってくるとそう簡単にはいかず、**意識的に行う**必要が出てきます。たとえば次の文章。

> 日本人は、断るときでさえ「いいです」「大丈夫です」「結構です」などと言うことが多い。つまり、（　　）ということだ。

かなり意識的に抽象化していかないと、（　　）を埋めるのは難しいですね。

具体

「いいです」「大丈夫です」「結構です」

← 抽象化

抽象

「イエス」の意味を持つ言葉

このように部分的な抽象化を行い、元の文に当てはめてみると、こうなります。

> 日本人は、断るときでさえイエスの意味を持つ言葉を使うことが多い。つまり、（　　）ということだ。

ここまでくれば、（　　）の中を次のようにまとめることができます。

日本人は、イエスかノーかはっきりさせず、あいまいな態度をとることが多い

「日本人は自己主張が苦手なのだ」などとしてもよさそうに思えますが、これは厳密には「だから」でつなぐべき〝意見〟です（因果関係になります）。**「つまり」を使う以上は、できるだけ前後の意味が「同等関係」になるようにしなければなりません。**

もうひとつ、試してみましょう。

私たちは、メモ用紙とペンが目の前にあってもそれを使わず、スマホ、タブレット、あるいはパソコンなどを使ってメモをとりたがる。つまり、（　　）わけだ。

これも、先ほどのパターンと似ていますね。

具体

スマホ、タブレット、あるいはパソコンなど

← 抽象化

抽象

デジタル機器

こうして部分的な抽象化を行い、元の文に当てはめてみます。

> 私たちは、メモ用紙とペンが目の前にあってもそれを使わず、デジタル機器を使ってメモをとりたがる。つまり、（　　　　）わけだ。

（　）の中は、たとえば次のようになるでしょう。

> メモでさえもデジタルな行為になっている

さて、今の課題は、最初から与えられている前半の文を解釈して進めるものでしたから、「読み」の要素も含まれていたと言えます。これを純粋な「書き」として練習するには、先に挙げた**「型」の「A～C」に、子ども自身が既に持っている体験や知識などを当てはめていけばよい**わけです。

ただし、これについては、123ページで取り上げます。ひとまずは、次に進むことにしましょう。

02

「相違点」をとらえて書く

○この短作文で「対比」が自然と身につく！

次の二つの文を、読みくらべてみてください。

Ⓐ「東京スカイツリーは六三四メートルもある。非常に高い」

Ⓑ「東京タワーでさえ三三三メートルもある。しかし、東京スカイツリーは六三四メートルもある。東京タワーの二倍近い高さだ」

伝えたいメッセージがよりよく伝わっているのは、明らかにBですね。

これは、「対比」の効果によるものです。

なんらかのメッセージを強く伝えたいと思うとき、私たちは何気なく「くらべる力」

を借りています。これを、〝何気なく〟ではなく意識的に技術として使いこなせれば、メッセージの伝達力はグンと高まります。

ここで特に大切になるのは、**単にくらべるのではなく、一見似たもの同士のものごとをくらべ、その間に隠された相違点を見つける**ということです。

自動車と自転車の相違点はいくらでも見つかりますが、自転車と三輪車の相違点は、少し考察しないと意外に出てきません。

> 自転車は大きくてタイヤが二つ。一方、三輪車は小さくてタイヤが三つ。

車体の大きさ、あるいはタイヤの数といった、いわば「形」の観点。幼稚園児でも思いつきますから、評価C。これらはいずれも、見てすぐに分かる外的要因です。

また、二つのモノの写真を見くらべているだけのような、静的なとらえ方をしています。

> 自転車は、子どもだけでなく大人も使う。一方、三輪車は子どもだけが使う。

誰のためのものかという「対象」の観点です。評価B。見ただけでは分かりづらい内的要因に目を向けており、また、人間を想起したやや動的なとらえ方をしています。

> 自転車はスピードが出るため、長距離を移動するために使われることが多い。一方、三輪車はスピードが出ないため、長距離を移動するために使われることは少ない。

速度と距離をもとに使用の「目的」を考察する観点。評価A。内的要因をとらえており、実際に乗っている映像を見くらべているような、動的なとらえ方をしています。

このように、**外的要因を静的にとらえるのではなく、内的要因を動的にとらえていくことが、優れた「対比の観点」を導き出すためのひとつのコツである**と言えます。

ではここで、次の課題をお子さんに与え、同様の文章を書かせてみてください。

> ❶めがねとサングラス
> ❷みかんとレモン

必ず、**「　は　である。一方、　は　である」**といった対比の型で書くようにします（「一方」は、「それに対して」や「しかし」などでも可）。

①について。レンズの「色」の観点は評価C。
子どもはあまり使わないのがサングラス、といった「対象」の観点は評価B。
見え方を調節するためのもの、日差しをさえぎるためのもの、といった「目的」の観点は評価A。

②について。「色や形」の観点は評価C。
酸っぱいか甘いかといった「味」の観点は評価B。
そのまま食べるか料理に利用するか、などといった「目的（用途）」の観点は評価A。
一〇〇パーセントジュースにできるか、といった実用的・動的な考察も評価A。

このように相違点を挙げる短作文を書く練習は、対比の技術を磨いてくれるだけでなく、**クリティカル・シンキング（批判的思考）の素地をも育ててくれます。**

それまで何の気なしに関わってきたものごと、常識だと思ってきたものごとを、対比の技術によって新しい観点でとらえ直す力。要するに、逆説化する力です（75ページ参照）。

逆説的思考を問う課題は、中学入試のみならず、高校入試、大学入試に至るまで、あらゆるところに登場します。

常識にとらわれない新たな発想で社会を切り開いていくことが求められる現代において、このような思考法を早くから身につけておくことは、必須《ひっす》の条件である——。

そのことを、どの学校の先生方も、痛切に感じているのではないでしょうか。

03

一文の「骨組み」を意識して書く

○「抽象化・具体化」が理解できるようになる！

次の文をお子さんに要約させてみてください。

文を二度ほど読み聞かせた上で、「要するにどんな話？」と問います。

> 「今まで一度も届いたことのないケンジからの年賀状が、今年初めて届いた」

ここで、「年賀状が届いた話でしょ」などと短く答えることができる子は、高い「抽象化力」を持っていると言えます。

「要するに」の意味が伝わらないようなら、**「短くするとどんな話？」**といった問いかけでもかまいません。それでも多くの場合、「えーっと、ケンジの年賀状が初めて届いたって話？」などと、冗長な答えになってしまうはずです。

要点だけをズバリとらえるための方法を、身につける必要があります。

その方法とは、**「主語・述語を抽出する」**ということです。特に重要なのは、述語です。述語こそが、文の土台となります（日本語における主語の役割は〝述語の補助〟に近いため、その重要度は述語にくらべて若干下がります）。

さて、先の文では「年賀状が」が主語、「届いた」が述語。これが、この文の骨組みです。

具体

今まで一度も届いたことのないケンジからの年賀状が、今年初めて届いた。

抽象化

抽象

年賀状が届いた。

「具体」と「抽象」の間には、「同等関係」が成り立ちます。意味の骨格が同じです。

どんなに長い「一文」であってもズバリ骨組みだけを読み取ることのできるような要約力。これを身につけるためには、この逆の操作、つまり**「骨組みに少しずつ肉付けしていく練習」**が有効になります。

たとえば、「ミチコは、歌っていた」という骨組みに、肉付けしてみましょう。

具体⬅抽象

ミチコは、　歌っていた。
歌が好きだったミチコは、　鼻歌を歌っていた。
幼い頃から歌が好きだったミチコは、授業中でも鼻歌を歌っていた。

このように徐々に修飾語を増やし、肉付けをします。**同等関係を崩さずに**（意味を変えずに）、**具体化していく**わけです。このプロセスでは、「ミチコは」と「歌っていた」を繰り返し使うことになるため、自《おの》ずと「主語・述語」の骨組みを意識するようになります。

○「要点を抜き出す」を得意にするには？

では、次の文を肉付けする課題をお子さんに与えてみましょう。
先の例のように、ステップを踏んで徐々に長くしていくのがコツです。

❶「おじいさんは、話しかけた」
❷「顔は、赤くなった」

❸「災害が、与えた」

それぞれ、たとえば次のように肉付けします。

❶「半年間の旅行から久しぶりに帰ってきたおじいさんは、居間でさびしそうに本を読んでいた孫娘のサチコに、ためらいながら話しかけた」

❷「あれだけ自信があると言っていたシュートに失敗したユウキの顔は、みるみるうちに赤くなった」

❸「これまでに体験したことのないような大規模な災害が、人々に連帯感を与えた」

むろん、ここまでよくできた文にならなくても、意味が通じる長めの文になっていれば十分です。

文ができたあと、再度問いかけてみましょう。**「これは要するにどんな話？」**と。

今度は、主語・述語、すなわち一文の要点を抽出することが容易にできるはずです。

この程度の練習は、口頭でもできます。ぜひ実践してみてください。

04

相手を納得させられるだけの「理由」を考える

○「だから・なぜなら」を正しく使えるようになる！

主張に理由をつけて書くパターンの短作文は、多くの小学校で低学年の頃から課題として与えられています。

「わたしは、パイナップルが好きです。なぜなら、甘くておいしいからです」

この類《たぐい》です。ああ、これね、と思った方も多いことでしょう。

たしかに、「なぜなら何々だから」というように理由・根拠をつけて主張するということは、**大人になっても不可欠な「型」**です。

しかし、いつまでも「おいしいからです」でよいわけではありません。「甘くておいしいからです」と言われて、「ああ、なるほどね」と思えますか？　思えませんよね。

これで許されるのは、小学校低学年の子までです。

このような文を次々書かせる（あるいは話させる）と、「〝なぜなら〟さえつければどんな理由でもいいんだな」といった間違った感覚を子どもたちに与えることになりかねません。

さて、先の「パイナップル」の例文は、何が問題なのでしょうか。

A。だから、B。
B。なぜなら、A（だから）。

これが因果関係の基本の「型」です。Aが「原因・理由」、Bが「結果・結論」です。

先の例文では、Aに「おいしい」、Bに「好きだ」が入っています。

「おいしい」は形容詞、「好きだ」は形容動詞。ここが問題です。

形容詞や形容動詞は、感覚的・主観的になりやすい言葉です。AにもBにも、できれば入れないほうがよいのです。

「楽しい」「明るい」「悲しい」といった形容詞、「きれいだ」「にぎやかだ」「静かだ」といった形容動詞。こういった言葉ばかりを使っていると、説得力のある因果関係の筋道を整えていく力は、なかなか育ちません。

ここで言う「説得力」とは、「客観性」のことです。その文を読んだり聞いたりした**一〇人のうちの八人以上が「ああ、なるほど」と納得するようなレベル**を意味します。

では、そのような因果関係を整えていく練習として、まずはどのような課題から始めればよいのでしょうか。たとえば、次のような「後半を書く短作文」がお勧めです。

❶窓ガラスが割れてしまった。なぜなら、（　　　）。
❷計算ミスが続いた。なぜなら、（　　　）。
❸勉強をしていなかったのに一〇〇点を取れた。なぜなら、（　　　）。
❹ただの紙切れだったが、大切にしまっておいた。なぜなら、（　　　）。

後半には、それぞれ、たとえば次のような理由が入ります。

❶もともとひびが入っていたところへ強風が吹いたからだ
❷腹痛でテストに集中できなかったからだ
❸一度解いたことのある問題ばかりだったからだ
❹転校した友達と一緒に作って遊んだ紙ヒコーキの切れはしだったからだ

①と②の前半の「窓ガラスが」「計算ミスが」のように、**「無生物」を主語にすると、客観的な内容を考えやすくなります。**

子どもというのはとかく「ぼくは」「私は」を主語にしたがります。これが、「おいしいから好きだ」といった主観的な文を書いてしまいがちな要因になっています。そこで、いっそのこと「人間」を主語にしないようにすれば、自《おの》ずと主観性を排除しやすくなるわけです。

③と④は、「AなのにB。なぜならCだから」というように、前半に逆接を含むタイプです。こうすると、客観性を維持しつつもある程度の独自性を発揮するチャンスを残すことができます。楽しみながら短作文を書くことができるでしょう。

もう少し、練習してみましょう。

❺大声を出したのに、聞こえなかったらしい。なぜなら、（　　　　）。

❻アラームをかけていたのに、寝坊した。なぜなら、（　　　　）。

❼プレゼントをあげたのに、喜ばれなかった。なぜなら、（　　　　）。

さて、どんな理由が入るでしょうか。（　　）の内容例を挙げておきます。

❺周囲が工事中でとてもうるさかったからだ
❻アラームの音量が小さく設定されていたからだ
❼同じプレゼントを他の人も渡していたからだ

まずは、この程度の基礎的な短作文をたくさん書いてみることです。

お母さんお父さんが前半を口頭で伝え、後半をお子さんが答える。その中で、うまくできた文だけをノートに書く——といった形でもよいでしょう。ぜひ実践してみてください。

05

文章構成の基本は「サンドイッチ型」

○ 正確な文章を書くための「型」がある!!

何を言いたいのか伝わってこない文章というものがあります。

その要因は二つあります。

第一に、**抽象化が不十分**であること。第二に、**具体化が不十分**であること。

「せみが鳴き始めた。メニューに冷やし中華が入った。風鈴の音が聞こえてきた」

このような「具体」だけで終わってしまうと、文章にまとまりが出ません。

「夏が始まったんだなあ」

こんな「抽象」の一文があればこそ、全体が引き締まり、何を伝えたいのかがはっきりします。

逆も然《しか》り。「夏が始まったんだなあ」だけで終わってしまい、先の三つのような具

体例がない文章は、いかにも味気なく、そのイメージはほとんど伝わってきません。

抽象と具体がセットになっているときにこそ、私たちはその文章の「意味」をつかむことができるのです。

「抽象→具体」あるいは「具体→抽象」の型が大切です。

ただし実際には、「抽象→具体」のように具体で終わってしまうと文章が引き締まりませんから、最後は抽象でまとめます。また、「具体→抽象」のように具体から始まるのも唐突な印象があるため、最初に抽象を持ってきます。

つまり、**「抽象→具体→抽象」**のパターンです。

これが「サンドイッチ型」であり、実は多くの文章がこの型で書かれています。

サンドイッチ型

【抽象】サンドイッチの〝パン〟に当たる。これだけでは味気ない。
【具体】サンドイッチの〝具〟に当たる。文章の〝味〟（＝意味）を直接伝える部分。
【抽象】サンドイッチの〝パン〟に当たる。はさむことで全体が引き締まる。

例文を挙げましょう。次の文章の空欄を、お子さんと一緒に考えてみてください。

抽象　（　　　　）は、私たちの興味をそそる。
具体　たとえば、一億年前の恐竜時代は、誰しも一度は行ってみたいと思うものだ。
具体　また、数百年後のSFのような世界も、多くの人をわくわくさせる。
抽象　このように、（　　　　）は、私たちの興味をそそるものなのだ。

この文章は、〝パン〟に穴が空いています。この穴を埋めることによって、まとまりが出て意味をとらえやすくなります。

「過去と未来」「遠い過去や未来」「現代を離れた世界」などといった言葉が入れば正解です。より抽象化して「未体験の時代」などでもよいでしょう。

では、次はどうでしょうか。

抽象　季節の風物は、早々と先取りされ世間をにぎわす。
具体　たとえば、一～二月には「ご入学おめでとう」という言葉が店先に並び出す。
具体　また、五～六月には水着のコマーシャルが流れ始める。
具体　そして、一〇～一一月には（　　　）。
抽象　このように、季節の風物は、早々と先取りされ世間をにぎわすわけだ。

たとえば、「街中がクリスマスイルミネーションで彩られ始める」などとなります。

ここで大切になるのは、**具体と抽象は常に「同等関係」になくてはならない**、ということです。

今の例文で、具体例としてハロウィンなどを書くと、それは「先取り」とは言えません。つまり、具体と抽象とが食い違うことになります。このようなことはルール違反ですから、気をつけなくてはなりません。
もう少し例を挙げておきます。

抽象　コロナ禍では、多くの人が（　　　　　）に苦しめられた。

具体　たとえば、マスクをしなければ入店できないレストラン。飲み食いするときにはどのみちマスクを外すにもかかわらず、入り口でマスク着用を指示された。

具体　あるいは、甲子園大会（高校野球）がすべて中止になってしまった。今思えば、中止にする必要などあったのだろうかという気もする。

具体　さらには、葬儀において、なきがらに対面することすら禁止されたりもした。呼吸もしていないのに果たしてウイルスが排出されているのか。

抽象　こんなふうに、（　　　　　）は、枚挙にいとまがなかった。

こんどは、具体例がやや長めになりました。
単語レベルではなく、文全体の意味合いをとらえる必要がでてきます。
ここでは、「過剰とも思える制限」「理不尽な制約」「疑問の残る対応」などといった、批判的な視点が表現されていればよいでしょう。

さて、これらのようなサンドイッチ型の作文を、多様なテーマで書かせてみましょう。**「今日の体験」「今日のニュース」といった身近な話題**から、「スポーツと心」「音楽と生活」などといった少しハイレベルなテーマまで、何でもかまいません。

「今日はつらいことがいろいろあった。たとえば……」

「スポーツは心を鍛える。たとえば……」

などというように書き始めれば、すぐに作文ができあがるでしょう。

こうした練習の積み重ねが、長文の構成をとらえる力にもつながっていくのです。

06

「二〇〇字」は決して難しくない!!

記述問題を「キライ」にさせない方法

日々進学塾に通い「読解問題を解くこと」ばかりに慣らされている子どもたちは、二〇〇字の文章を書きなさいと言われると、「えーっ」と嫌がります。

二〇〇字で書く問題というのは、彼ら・彼女らにとっては**〝最長〟の部類に属する「記述問題」**です。

通常、読解問題における記述の量は三〇〜八〇字程度が主流であるため、一〇〇字を超えると冷や汗が出てきて、二〇〇字などと言われようものなら恐れおののいてしまう。これが、読解問題ばかりやらされている子どもたちの現実の姿です。

しかし、考えてもみてください。二〇〇字って、そんなに長い文章でしょうか？

この本の書式で言えばほんの五行程度。一文を四〇字で書いたとしてもたったの五文。

これしきの文章を書くことを恐れてしまうというのは、明らかに「読解偏重の国語教育」の弊害です。もっともっと、「書き重視の国語教育」をしなければなりません。

さて、ではどうすれば、二〇〇字を書くだけの力がつくのでしょうか。

簡単なことです。**書き始める前に「型」を意識すればいい**のです。

二〇〇字で構成する文章の型をいくつか挙げましょう。

ア　単純サンドイッチ型

【私は★と考える】⇩【たとえば①。②。③】⇩【つまり★】

イ　因果サンドイッチ型

【私は★と考える】⇩【理由は、たとえば①。②。③】⇩【だから★】

ウ　対比・因果サンドイッチ型

【私は★と考える】⇩【Aは①だがBは反①。Aは②だがBは反②】⇩【だから★】

いずれも、【抽象】→【具体】→【抽象】のサンドイッチ型ですが、中間の【具体】の部分に若干の違いがあります。

アの場合、それは「結論(★)の具体例」であり、結論を〝言いかえた〟にすぎません。単に詳しくしただけですから、**【抽象】の部分と同等関係**にあります。このタイプの文章については、既に前節(64~69ページ)で述べました。

これに対して、イとウは「結論(★)の理由の具体例」であり、**【抽象】の部分とは因果関係**にあります。とりわけウは、それを対比で述べるという型です。

イについてはおおむね予想がつくでしょうから、ウのタイプをひとつ例示します。

> 一人の時間を持つことは、大切なことだと思う。
> 仲間と集団で過ごしているうちは、一つの話題で長く話し続けるようなことはあまりできないが、一人になれば、一つのことがらをじっくりと納得のいくまで考え続けることができる。
> また、仲間といると、今起こっていることばかりが話題にのぼりやすいが、一人でいると、昔のことや未来のことを考えるような余裕を持てる。
> だから、私は、一人の時間を大切にしていきたい。(一九八字)

思春期入り口の子どもたちが書く文章のお手本としては、内容的にかなりハイレベルです。わが子にはとうてい無理、と思った方、安心してください。慣れないうちは、次のようなレベルの一〇〇字超の文章が書ければ十分です。

> ぼくは、プールよりも海へ行きたい。
> プールは（　　　）が、海は（　　　）。
> また、プールは（　　　）が、海は（　　　）。
> だから、ぼくは、プールよりも海へ行きたい。

「プールは狭いため自由に泳げないが、海は広いため自由に泳げる。また、プールは景色を楽しめないが、海は景色を楽しめる」――この程度まで書ければ、最初のうちは十分合格です。

　もうひとつ、例を挙げておきましょう。

> 私は、鉛筆はよいがシャーペンはダメ、といった偏ったルールは好きではない。
> （　　　）という点では鉛筆のほうがよいし、（　　　）という点ではシャーペンのほうがよい。

要するに使い分ければよいわけで、「学校ではシャーペン禁止」といった偏ったルールは、どうかと思う。

鉛筆とシャーペンを対比していますが、先ほどとはちょっと異なる型です。

【①という点ではA、②という点ではB】というような形になっています。

「筆跡の濃さを調節できるという点では鉛筆のほうがよいし、いつも細い字を書くことができるという点ではシャーペンのほうがよい」――といった感じになるでしょう。

他にも、暗算と筆算、手紙とメール等々、類題もすぐ作れそうですね。

あくまでも、**まずこだわるべきは「型・形式」**です。

「内容」は人生経験がバックアップしてくれます。とにかくは、型を使い慣れること。

これが優先なのです。

07

入試問題で問われるのは「逆説思考力」

問題文の〝主張〟はどこにあるのか？

「負けるが勝ち」「急がば回れ」「近くて遠い国」「便りがないのがよい便り」……。

このような表現は、いずれも**「パラドックス（逆説）」**と言われます。

まるで「白は黒」と言うかのように、説明をカットして正反対のことを直接結び付けてしまう。

一見おかしなことを言っているように聞こえるが、その解釈を知れば、そこに「世の中の真実」が隠されていることに気づき、深く納得してしまう。

それが、パラドックスです。

ただの言葉遊びと思われるかもしれませんが、それは違います。**世の中の主張という主張は、そのほとんどが、この逆説の形式で構成されています。**「白を白だと皆言っいるが本当に白なのか。実は、白は黒なのではないか」——このように、〝常識〟に疑問を呈していく主張によってこそ、世の中がよりよく変革されてきたのです。

そして、**子どもたちが入試問題で出会う文章の大半も同様に、常識に疑問を呈するつくりになっています。**

物語文とて例外ではありません。予想される常識的展開がくつがえされるところに、物語の〝主張〟が込められているわけですから。

さて、このような逆説的思考に慣れるには、パラドックスを自作する練習を積むのが近道です。

まずは、次の例をご覧ください。

> 「寒いときは暑い」
> 〈解釈〉寒いときは服をたくさん着ているため、逆に暑く感じられることが多い。

簡単そうですね。ここでもまた、「型」を意識すればよいのです。

「AはBである」

〈解釈〉Aは、（　　　　　　）ため、結局のところ逆にBであるとも言える。

まず、対比されるAとBを決めます。

次に、AがBだと言い切れるだけの〈解釈〉を考えます。対比関係と因果関係を意識して考えていくことになります。

ここで大切なのは、順序です。**先に解釈を考えようとしてはいけません。**

とにかくまず「AはBである」と言い切ってしまいましょう。解釈ができるかどうかを心配せず、作ってしまうのです。

一見無理とも思われた命題（AはBである）を成立させる解釈を作り出すことができたとき、そこには快感とも言える喜びが生まれ、それが学ぶ意欲へとつながっていきます。

ただし、まずは与えられたパラドックスを解釈するところから始めましょう。

❶「終わりは始まり」

❷「便利なものは不便なもの」

この二つをお子さんに与え、型に沿った文章で解釈させてみてください。
次のような解釈になれば合格です。

❶「終わりは始まり」
〈解釈〉何かが終わるときというのは、多くの場合次の何かが始まるときでもあるため、結局のところ終わりは始まりであると言える。

❷「便利なものは不便なもの」
〈解釈〉携帯電話やパソコンなどといった便利なものは、多くの場合、機能が多すぎるなどして使いづらいため、結局のところ不便なものと思えてしまう。

②のように具体例を入れると分かりやすくなる場合は、どんどん入れていきます。
さて、ここで、さらにハイレベルなパラドックスの例を挙げておきましょう。

「全体は一部である」
〈解釈〉全体だと思えるものも、視野を広げればそれが一部だったことに気づく。

「答えは問いである」
〈解釈〉人生とは何か。それは旅である。では旅とは何か。というように、答えは次なる問いを生み出す。

「自由は束縛である」
〈解釈〉自由であればあるほど失敗の責任は自分に返ってくるため、結局は行動を縛られてしまう。

いかがでしょうか。パッと思いついた対義語を組み合わせるだけで、最初の一歩を踏み出すことができます。ぜひ、親子で試してみてください。

世の中の「逆」を考えられるか

○求められているのは「定義力」

「スポーツとは、心と体を鍛えてくれるものである」
「教科書とは、学ぶべきお手本の代表格である」

このように「AとはBである」の型で示される文を、「定義の文」と呼びます（「AというのはBである」なども可）。テーマであるAの意味を、書き手が定める文です。

定義ですから、まず客観性が必要です。多くの人に納得してもらえる意味づけでなければなりません。とはいえ、**書き手の主観が全く入らない、無機質な辞書的定義では、読み手に対するメッセージは伝わりません。**

たとえば、右に挙げた教科書の例では「代表格」という部分に主観が入っています。教科書に対するプラスのとらえ方がにじみ出ています（辞書にはここまで書かれていません。辞書は、プラスにもマイナスにも傾かずニュートラルであるのが普通です）。

「代表格である」という定義によって、「教科書を大事にしようよ」という書き手のメッセージが伝わってきます。

これが逆にマイナスへと傾けば、次のような定義になります。

「教科書とは、脱線することを許してくれないレールのようなものである」

これもかなり主観的ですが、「なるほど」と思わせる客観性を持っていますね。

このように、**どんなものごとでも実はプラス・マイナス両面でとらえることが可能であり、その両面をつかむ練習を意図的に行っていく**ことこそが、柔軟な思考力を培ってくれるのです。求められるのは、75ページでも述べた「逆説的思考」です。

そこで例題です。次の定義を、逆説的に定義し直してみてください。お子さんと一緒にチャレンジしてみましょう。

> あいさつとは、よい人間関係を築くための基本である。

こういった常識的定義は、多くの場合「古くさくて面白くない」ものです。これを逆にしていく過程は、子どもにとって「新鮮で面白い」ものになるはずです。

あいさつとは、形式的になりがちなものである。

「心がこもっているとは限らないものである」などでもかまいません。

「ごめんなさい」といった言葉もあいさつのうちですから、お子さんがきょとんとしている場合には、これを例に挙げて説明するとよいでしょう。「ごめんと謝っても本心じゃない場合もあるでしょ？」などと。

さらに練習問題です。次の「常識的定義」を逆説化してください。

❶満員電車というのは、心と体に苦痛を与える不快なものである。
❷笑顔とは、友達を増やすための魔法である。
❸成功とは、努力した証である。

それぞれ、こんなふうに書ければバッチリ合格です。

❶満員電車というのは、朝にふさわしい心と体のトレーニングの場である。

❷笑顔とは、常に人を傷つける可能性を持つナイフのようなものである。
❸成功とは、失敗によって得られる学びの機会を失うことである。

お子さんが書いた文に対しては、**「プラス・マイナスの価値が明確に表れているか」「なるほどと思える客観性があるか」**といった観点で評価をつけてみてください。

テーマとしては、他にも、「雨とは」「デザートとは」「ホームランとは」などといった具体的なものから、「親友とは」「あきらめとは」「装うということは」などといった抽象的なものまで、何でも当てはめることができます。

ただし、テーマ選びにはコツがあります。

「最初からプラスかマイナスに価値が傾いているものを選ぶ」ということです。

善悪や優劣の常識的な価値を逆転させるところにこそ、この作文の楽しみがあるのです。

09

記述が苦手な子に共通する「ててて文」

○何より大事なのは「採点者を意識した文章」

日々子どもたちの文章を添削していると、ある種の共通性が見えてきます。それは、**「読み手に対する意識が薄い」**ということです。たとえば、こんな文。

> Ⓐ思い通りに試合で勝ててうれしくて、あいさつをする前についガッツポーズをしてしまって後からコーチに注意された。

一見して分かるのは「て」の多さです。私はこれを、**「ててて文」**と呼んでいます。

次の文とくらべてみてください。

Ⓑ思い通りに試合で勝つことができたため、うれしくなり、あいさつをする前についガッツポーズをしてしまった。そのせいで、後からコーチに注意された。

ちょっとカタい印象は受けますが、これが「読み手を意識した文」であり、書き言葉とはこういうものでなければなりません。

さて、何が違うのでしょうか。

端的に言うと、**「関係を意識しているかどうか」**の違いです。

思い通りに試合で勝つことができた

だから ← ……（できたため）❶

うれしかった

だから ← ……（うれしくなり）❷

あいさつをする前についガッツポーズをしてしまった

だから ← ……（そのせいで）❸

後からコーチに注意された

先の短い文の中に、実は①〜③の三つの因果関係があります。

Bの文は、原因と結果という「関係」を意識して書かれたからこそ、分かりやすい文になっているのです。

たしかに、Aの文でも、読み手が好意的に解釈すれば、そこにある因果関係を推測できます。しかし、**多くの読み手は通常、好意的ではありません。**とりわけ、読解問題の採点者は、記述解答を好意的に読んではくれません（むしろ、その逆です）。

ここで、ひとつ例題を挙げておきましょう。

次の文を、因果関係がはっきりした文に書きかえます。

> バスで行くとお金がかかりそうで、自転車で行くことにした。

真ん中の「で」の部分がポイントですね。答えは次のようになります。

> バスで行くとお金がかかりそうなので、自転車で行くことにした。

ただし、何でもかんでも「ので」「ため」「から」などをつければよいというものではありません。つけ過ぎは禁物です。たとえば、次の文。

> 朝がきたので明るくなったので、目が覚めた。

朝がくれば明るくなるのは当然ですし、明るくなれば目が覚めるのも自然なことです。このように、**あえて因果関係を説明するまでもない自明の内容には、「ので」などをつける必要はありません。**次のような文で十分です。

> 朝がきて明るくなり、目が覚めた。

ちなみに、この「なり」の使い方は、先の例の②「うれしくなり」の使い方と同じです。ある程度の因果関係をさりげなく残す際に使える、「であり」のパターンです。「AなのでBなのでC」といった〝くどい文〟は、「AでありBなのでC」などと、**一カ所を「であり」などの自然な形にすることで、ある程度の因果関係を感じさせつつも読み手にとって「読みやすい文」にすることができる**のです。

少し練習してみましょう。

次の文の一部の「〜ので」を他の表現に直し、読みやすくしてください。

❶その日は強風だったので、傘がほとんど役に立たなかったので、ずぶぬれになってしまった。

❷電車の影響とはいえ、待ち合わせに遅れてしまったのは事実なので、おわびすべきだと思ったので、後日あらためて電話を入れた。

❸コーヒーをこぼしてしまったのでシャツが汚れたので、洗濯した。

さて、いかがでしょうか。それぞれの直し方の例です（他にも直し方はあります）。

❶その日は強風であり、傘がほとんど役に立たなかったので、ずぶぬれになってしまった。

❷電車の影響とはいえ、待ち合わせに遅れてしまったのは事実であり、おわびすべきだと思ったので、後日あらためて電話を入れた。

❸コーヒーをこぼしてしまいシャツが汚れたので、洗濯した。

③は、「コーヒーをこぼしてシャツが汚れたので、洗濯した」でも問題ありません。しかし繰り返しますが、「コーヒーをこぼしてシャツが汚れて洗濯した」のように、「てて文」になりがちですから、**「て」を使うことにはいつも注意を払う**必要があります。

いずれにせよ、ぜひ、同様の文をいくつも書いて練習するよう、アドバイスしてあげてください。

10 難関校に子どもを合格させる書き方、二つのポイント

○まずは「一文を短く書く」ことから

書くという作業をあまり苦にしない子がいます。アイデアをたくさん持っており、楽しそうに次々と書いていくような子です。それはもちろん、素晴らしいことです。

ただ、その素晴らしいアイデアを、読み手に伝え切れていないケースが目立ちます。

その最たるは、**「一文が長い」**ケースです。たとえば、次のような文章です。

> Ⓐ 船で世界一周旅行をするのと飛行機で世界一周旅行をするのをくらべると、大きな客船で旅行するほうが中でホテルのように泊まったりできるのと、ゆったりした生活が楽しめるので、飛行機のような速さはないけど、その分、旅を長く楽しめるはずだ。

一文を短くすること。これは、読み手に伝わりやすい文章を書くための必須条件です。

今の例ならば、次のようになるでしょう。

> Ⓑ
> 世界一周旅行をするなら、飛行機よりも船で行くほうを選ぶ。大きな客船なら、中がホテルのようになっている。宿泊しながら、ゆったりとした生活ができる。たしかに、飛行機のような速さはない。しかし、その分、旅を長く楽しめるはずだ。

一文を、五文に分けました。すっきりしましたね。

「こんな整然とした文をわが子が書けるはずがない」

そんな声も聞こえてきますが、実は、それほど難しいことではありません。

とにかく、「一文は短く！」を口ぐせにすればよいのです。

ただ、それだけではやや不親切ですから、次のような観点を与えるとよいでしょう。

こうすれば、一文は短くなる

❶「まず結論、次に理由」の順序を意識する。
❷接続語を入れながら、どんどん文を切る。

〈①について〉

一文が長いと、文の述部（＝結論）になかなかたどり着けないことになります。

ア「コーヒーは苦いから嫌いだ」

イ「コーヒーは嫌いだ。苦いから」

アとイの結論はどちらも「嫌いだ」です。

この結論に、より早くたどり着いているのは、どちらですか？　そう、イですね。

もし、「苦いから」という「理由」の部分がもっと長くなったら、結論に到達できるまでの時間には歴然と差が出ます。それだけ、読み手の負担が増えてしまいます。

先の例でも同様です。船のほうがいい、といった結論が読み手に届くまでに時間がかかるAの文よりも、ズバリ最初に伝えているBの文のほうが優れていると言えます。

日本語における文の意味は、述部で確定します。できるだけ早く述部を読み手に伝える文こそが「分かりやすい文」であり、それは必然的に「短い一文」になるのです。

〈②について〉

Aの終盤の「飛行機のような速さはないけど、……」の部分が、Bでは、「飛行機のような速さはない。しかし、……」と書きかえられています。**「けど」を「しかし」に置きかえて、文を二つにしたわけです。**

たったこれだけのことを意識し続ければ、文を短くすることができ、自《おの》ずと分かりやすい文章になっていくのです。

ただ、残念なことに、読解問題の記述式設問の多くは、解答を「一文で」書かなければならないという暗黙のルールのもとに作られています。八〇～一〇〇字といった長さであっても、です。これは、子どもの文章力向上を阻害する要因だと私は常々考えています。

とはいえ、受験に勝つには、そのような「長い一文」を意識して組み立てる力をも、身につけなければならないのです。関連する方法については１８０～１８３ページで述べていますから、気になる方は、先にそちらをチェックしてみてください。

Column

「だ・である」で書く？
「です・ます」で書く？

文末が「だ・である」になるような文体を常体と言い、文末が「です・ます」になるような文体を敬体と言います。子ども向けの本は敬体で書かれていることが多く、作文も敬体で書かせることが多いでしょう。

しかし私は、国語塾での指導の際、小学一年生であれ原則として常体で書かせています。私たちが頭の中で何かを思考するとき、いちいち「です・ます」をつけることはありません。「ぼくが悪かった。あやまろう」と考えるのであって、「ぼくが悪かったです。あやまります」と考えるのではありません（会話の場合は、むろん丁寧に話すべきですが）。読解問題の解答も、常体で書くのが暗黙のルールです。

言葉による思考は、シンプルさが不可欠です。書くときも、それは同じです。思考を文章化する過程では、常体こそが適しているのです。

第2章

子どもの
「書く力」を伸ばす
10の習慣

01

教科書を使って行う「書き」の体力測定

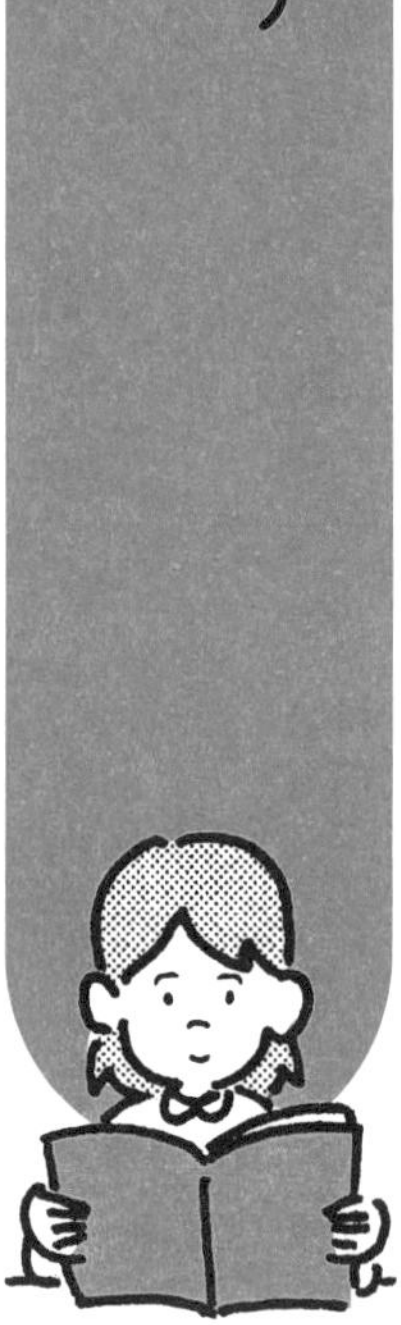

○ ただ書き写すにも方法がある！

この章では主に、第1章で挙げた論理的思考の技術を子どもに定着させるために、親として（教師として）どのような習慣を持てばよいのかについて述べます。

ただし、論理的思考力の育成以前に必要になることがらについても、いくつか触れていきます。

その一つが「書き」の〝基礎体力〟です。

端的に言えば**「書く速さ」**です。

ここのところ、「書き写す」学習がかなり脚光を浴びるようになりました。新聞や教科書などをお手本とし、それを見ながら書き写す、「視写」という勉強法です。

その有効性は私も十分に認めます。しかし、漫然とでも**とにかく書き写させればそ**

れでよいと思っている方がいたら、それは間違いです。

ここで、試しに次の例文を原稿用紙に視写させてみてください。二回ほど音読させた上で、書き始めるように伝えます。

海の中や宇宙空間には、未知の世界が果てしなく広がっている。

書き写しているとき、お子さんの目の動きをよく観察してください。

大切なのは、**途中で何回お手本を見たか**、という点です。この程度の内容と文字数の短文であれば、次のようなランク付けになります。

〇回……SS　一回……S　二回以内……A
四回以内……B　五回以上……C

これは、小学校五年生以上の場合です。一学年下がるごとに一回を加えます。

当然、お手本を見る回数が少ないほうがランクは上がります。

それは、**「言葉をかたまりでとらえる」**ことができているということなのです。

○「ゲーム化」で視写の速度を上げる

言葉をかたまりでとらえられる子は、たとえば「海の中や宇宙空間には」という部分を一度で頭に入れてしまい、あとはお手本を見ずに書くことができます。

しかし、言葉をかたまりでとらえられない子は、「海の中／や／宇宙／空間には」などというように、細切れにお手本を確認しながら書き写すことになります。

前者は、言葉あるいは文脈の「意味」をとらえ、それを文字に起こしています。

しかし、後者は、極端に言えば「字面」しかとらえられていません。

そうなると、前者の書く速さが上がり後者は下がるというのは、当然の帰結です。

では、後者は変えようがないのでしょうか？　いいえ、そんなことはありません。

かなりの率で、向上させることができます。しかも、すぐに。

「お手本を見る回数を減らしてごらん。回数によってランクをつけるよ」

こんなふうにゲーム化して刺激すれば、五回見ていたものが二回に減る、といった変化はすぐに起こり得ます。

多くの子は、**言葉をかたまりでとらえるということが「できない」のではなく、かたまりでとらえようと「していない」だけ**なのです。要するに、意識の差です。

ＡＤＨＤ（注意欠陥多動性障害）など、脳のワーキングメモリ（短期記憶）に問題があるお子さんの場合はあまり焦らないほうがよいとは思いますが、それでも試してみる価値はあるでしょう。

さて、ここで、小学生の学年別視写速度の目安を示しておきます（一分間に書ける文字数）。

一・二年生……一五字前後
三・四年生……二〇字前後
五・六年生……二五字前後

五・六年生の数値で単純計算すると、四〇〇字を書くのに一六分ということになります。これをクリアできれば、書きの基礎体力は備わっていると言えるでしょう。「かたまりでとらえる」ということを意識させれば、さほど難しいことではありません。

ここで、例文を挙げておきます。

人前でため息をつくのはやめなさい、と言われたことがある。たしかに、その場

> にいる人たちからすれば、あまりよい気分ではないかもしれない。しかし、ため息をつける相手というのは、友だち、仲間、家族といった、気を許せる間柄の人だけだろう。先輩・後輩、上司・部下などといった人たちの前ではなかなかため息をつけない。そう考えると、ため息というのは、あなたとの間に心理的な距離は感じていませんよ、というメッセージを、はからずも相手に届けることになるのではないか。

この文章は、二二三字です。書けない漢字はひらがなにしてもかまいません。五・六年生は、これをざっと一〇分以内に書き写すことができればよいことになります。試してみましょう。

なお、「速さ」と同時に「正確さ・丁寧さ」についても当然配慮は必要です。

書くのは遅いが非常に丁寧、という子もいます。その場合、**まずはそこを評価してあげましょう。**そのあとで、徐々に〝体力〟をつけてあげればよいのです。

02

「つまり？」「たとえば？」を口ぐせにする

論理的思考も「対話」が入り口

言葉というものは、もともと、「話すこと」を通して習得するものです。

幼児期がその最たる例です。幼児期の言語習得手段は、読み書きではありません。どの子も、自分の最も身近にいて最も長時間関わっている人物——親——と話すことを通して、言葉というものを学びます。

話すことで学ぶのは幼児だけではありません。小学生以上の子も同様です。

たしかに、小学生にもなれば読み書きから学ぶことも増えていきますが、それでもやはり、**会話から学ぶ量のほうが圧倒的に多い**はずです。

論理的思考力習得の基礎段階においても、親子での会話※が一番手っ取り早いトレーニングになります（※特に意識的に一対一で行うものは「対話」と呼びます）。

さて、その対話型トレーニングのうち、「言いかえる力」（抽象化・具体化の力）を高めるために今すぐできる習慣があります。

それは、**「つまり？」「たとえば？」を口ぐせにする**、ということです。

○「聞き手に回る」だけでは子どもの思考力は育たない！

「ねえお母さん、今日ね、アヤコがね、私のほうをずっと見てくんの、でね、何、って言ったらね、別に、とか言ってね、それでね、……」

たとえば、延々と続くこういった子どもからの訴えを、あなたはどう受け止めますか。**「ふーん」とうなずいている〝だけ〟では、子どもの国語力は育ちません。**いわゆるカウンセリング・マインドを発揮して、とにかく「聞き手に回る」という態度は、言語技術育成の観点では必ずしも好ましいものではありません。

もちろん、子どもがひと呼吸するまでは聞いてあげましょう。でも、そのあと忘れずにこう言います。

「つまり、なんだかよく分からない理由で、アヤコとけんかになっちゃったってこと？」

こんなふうに、**積極的にまとめてあげる**のです。

最初のうちはこれを繰り返しますが、徐々に、その抽象化を子どもに任せていきます。まとめてあげるのではなく、「つまり、どういうこと？」と問うだけにし、自分でまとめさせるようにするわけです。

このように、いつも「つまり」をさりげなく要求していれば、そのうち、要求されなくても子ども自《みずか》ら「つまりね、……」と言い始めるようになります。

ただし、今挙げた例は、比較的長い「文」の抽象化になっていますから、なかなかうまくいかない場合もあるかもしれません。

その場合は、**語句レベルでの言いかえを対話で練習**します。

目の前にあるモノを、何でも題材にすることができます。

「鉛筆、消しゴム、ノート。**つまり何？**」
「えーっと、文房具？」
「正解。じゃあ、たんす、いす、机。**つまり何？**」
「えーっと、家具？」
「そう。じゃあ、文房具、家具って、**つまり何？**」
「えーっと……あ、分かった！　道具？」

「正解！」

ここまで練られた問題にできなくとも、身近なところにいくらでも題材は転がっていますから、どんどん試してみてください。

○「一日一回」で合意しておく

今のやりとりを正反対にし、「家具って、たとえばどんなもの？」などとすれば、具体化の練習になります。子どもからの訴えにしても、「あ〜あ、今日、いやなことだらけだった」などと抽象的にしか言わない子には、「たとえば？」と問えばいいわけです。

もちろん、話したがらない場面もあるでしょう。そうなりそうなときは、先手を打ちます。**「〝つまり・たとえばゲーム〟を一日一回はやることにしよう」**とあらかじめ合意しておくのです。それだけのことで、「面倒だな」と感じさせずに済むはずです。

子どもにも向上心は必ずあります。続けるうちに自分の思考力が徐々に高まるのを実感すれば、子どものほうから〝ゲーム〟を始めるようになることでしょう。

03

「名詞化する力」は意外と簡単に身につく

「み」で名詞化する

日々子どもたちに文章指導をしていて痛感するのは、子どもたちの〝書きかえ力〟不足です。

ここで言う〝書きかえ力〟とは、「甘い感じ」を「甘み」にする、あるいは、「カエルが泳いでいる」を「泳いでいるカエル」にするといった程度の、単純な**「名詞化」**の力です。

「名詞化」は、「言いかえる力」のひとつです。

ただし、ここでの「名詞化」には抽象度の変化がありませんから、単なる〝書きかえ〟に近い技術であると言えます（抽象化としての名詞化は222ページ参照）。

さて、まずは、「甘み」の類題から見ていきましょう。

Aと同じ意味になるように、Bの空欄を埋めます。

Ⓐ「リーダーは責任が重いと感じた」⬇Ⓑ「リーダーの責任の（　　　）を感じた」

答えは、「重み」または「重さ」となります。

一般に、「み」による名詞化は主観的になり、書き手個人の感覚が反映されます。数値化することのできないような、あいまいなイメージがあります。

一方、**「さ」による名詞化は、「み」の場合よりは客観的になります。**個人の感覚を離れ、状況によっては数値化も可能になります。たとえば、「重さ」には単位（キログラム等）をつけることができます（ただし、形容詞が持つ本来の主観性は残ります）。

こう考えると、Bの空欄は「重み」のほうがふさわしい答えであると言えます。「重さ」でも通じますが、責任に単位をつけることはできません。

さて、類題を少しご紹介します。

❶「深いところにはまって動けなくなる」⬇「（　　　）にはまって動けなくなる」

❷「親しくなれそうな感じがした」⬇「（　　　）を感じた」

❸「議論の結果、問題が明らかになった」⬇「議論の結果、問題が（　　）に出た」

❹「高いところから眺めると全体が分かる」⬇「（　　）から眺めると全体が分かる」

❺「退院後はまた泳げたら楽しいと思う」⬇「退院後は泳ぐのが（　　）だ」

❻「苦しい気持ちを分かち合えるのも友達のよさだよ」⬇「（　　）を分かち合えるのも友達のよさだよ」

❼「試合終盤の投球前の大谷翔平の表情はすごかった」⬇「試合終盤の投球前の大谷翔平の表情には（　　）を感じた」

答えは、①深み、②親しみ、③明るみ、④高み、⑤楽しみ、⑥苦しみ、⑦すごみ、となります。③だけ、元の言葉が形容動詞（「明らかだ」）ですが、意味は同様ですから特に気にすることはありません。

この程度の名詞化練習は、日常の中でいくらでもできますね。

大切なのは、**「み」をつければ名詞化できるんだ、ということを「意識」させる**ことです。この意識こそが、作文や読解記述の成否を分けます。

○述語を「名詞化」させてみよう

さて、次は一文の書きかえです。

「草原の真ん中に木が立っている」

この文を、次のそれぞれの言葉で終わるように書きかえてください。

❶「木」　❷「草原」　❸「真ん中」

答えは、次のようになります。

❶「草原の真ん中に立っている木」
❷「真ん中に木が立っている草原」
❸「木が立っている、草原の真ん中」

もうひとつ。

「卒業式が始まる前から、チサトは泣いていた」

この文を、次のそれぞれの言葉で終わるように書きかえてください。

❶「チサト」　❷「卒業式」

答えは、次のようになります。

❶「卒業式が始まる前から泣いていたチサト」

❷「始まる前からチサトが泣いていた卒業式」

②はちょっと難しいですね。「チサトが始まる前から泣いていた卒業式」でもよさそうですが、「チサトが始まる」と誤読してしまうため、「チサトが、始まる前から泣いていた卒業式」と読点を入れる必要があります。

また、元の文の「チサトは」の「は」を「が」にする点にも注目しましょう。この②は、実際には使わないような語順ではありますが、**読んで違和感のない語順に変換する**というのは、いずれにせよ大切な能力だと言えます。

こうした練習は、お子さん自身に文を作らせても十分行えるはずです。一日一つでもかまいませんから、ぜひ試してみてください。勉強というより、**ちょっとした言葉遊びの感覚で取り組めば、無理なく力がついていきます。**

この「一文の書きかえ」は、指示語の意味を答える設問で必須の技術でもあります（詳しくは170〜175ページ）。あわせてチェックしてください。

04

「思いつくままに」書かせないようにするためには？

具体例は「バランス」がカギ

まずは、次の文章を読みくらべてみてください。

> Ⓐ「動物園にはいろいろな動物がいる。たとえば、ゴリラ、チンパンジー、オランウータン、トラなどだ」
>
> Ⓑ「動物園にはいろいろな動物がいる。たとえば、ゴリラ、クジャク、キリン、ライオンなどだ」

AとB、どちらが優れた文章でしょうか？

「いろいろな動物」の言葉どおりバリエーション豊かな具体例になっているBのほう

が、優れた文章（伝わりやすい文章）であると言えるでしょう。

Ａは、ほとんどが類人猿。思いつくまま、連想するままに具体例を挙げた文です。

一方、Ｂは、なるべく具体例のバランスをとろうと意図した文になっています。

具体例の質は、その文章が伝えようとするメッセージが相手にしっかり届くかどうかという点において、重要なカギを握っています。

具体例に偏りがあったり、広く知られない特殊な例だったりすると、その具体例を通して伝えたかった本来の主張が相手に届く可能性は、低くなるのです。

しかし、多くの子は、Ａのように「思いつくまま」の具体化をしてしまいます。

いや、慎重な子でさえ、Ｂほどのバランスをとれるとは限りません。

では、どうすれば、バランスのよい具体例を挙げられるようになるのでしょうか。

○答えを書く前のメモが入試に大きく影響する！

方法は簡単です。

思いつく具体例を余分にメモしておき、そこから選び出せばよいのです。

具体例を三つ挙げようと思ったとき、思いつくままに三つを並べるのではなく、まず五つか六つの例をメモしておき、そこから三つを選択するわけです。

たったこれだけのことを実行するかしないかが、文章の説得力を左右します。

中学入試問題では、一〇〇～二〇〇字程度の記述課題の中で、「身近な例を挙げながら述べよ」といった指示が多々登場します。

そういうとき、周囲の子がカリカリと鉛筆を動かす中、自分だけは**一歩踏みとどまって考え、メモを取り、最善の内容を選び出して書く**ということができれば、他の子に差をつけることもできるでしょう。

お子さんの文章にアドバイスをするとき、ぜひこの点を教えてあげてください。

○クイズ感覚でトレーニング

さて、次はこの文章。

> 「今日は、いろいろと助けてもらった。たとえば、教科書を忘れて友達に貸してもらった。友達に勉強を教わった。算数で、式の立て方を友達から教えてもらった」

具体例が三つ挙がっていますが、何かおかしくありませんか。

そう、二つ目と三つ目が、似通っていますね。ただし、先の類人猿の例とはまた違います。今回は、抽象度に違いがあります。

「友達に勉強を教わった」ことと「算数で、式の立て方を友達から教えてもらった」こととの間には、「抽象と具体」の関係が成り立ちます。いわば、「筆記用具とペンを買ってきた」「球技とサッカーを観戦した」というような関係になっているのです。

このようなミスは、無意識のうちに生じてしまうものです。そのミスに子ども自《みずか》らが気づけるようになるには、**「抽象度をそろえる」**という観点を意識させるような問いかけを、日頃から子どもに対して行う必要があります。

その際は、**身近な「モノ」から入り、徐々に「行動」へと移します。**

たとえば、「洋服、Tシャツ、ズボン」の仲間はずれ（洋服）を探す問題から、「身につける、着る、かぶる」の仲間はずれ（身につける）を探す問題へと移していくわけです。

少し、練習してみましょう。

抽象度の観点から、仲間はずれを一つずつ見つけます。

❶「餃子、中華料理、八宝菜」
❷「漢字、ひらがな、英語」
❸「運動、体操、スポーツ」
❹「読む、音読する、黙読する」

それぞれこうなります。

❶「中華料理」だけ抽象的。
❷「英語」だけ抽象的。
❸「体操」だけ具体的。
❹「読む」だけ抽象的。

どれも、クイズのようなものですね。ぜひ、親子で実践してみてください。

05

会話の中に「反対語は？」を取り入れる

○「言いたいこと」を伝えるために不可欠なもの

黒地に紺色で書かれた文字より、黒地に白や黄色で書かれた文字のほうがくっきりと浮かび上がり、見る者の目に届きます。

同様に、似たような主張を並べただけの文章より、**反対の主張と「くらべながら」述べていく文章のほうが、読み手の心に届きます。**

対比は、主張をより明確に相手に届けるために、必須の技能です。ですから、あらゆる文章は対比で書かれます。

> **Aという意見があるが、それはおかしい。むしろ、Bではないか。**

Bだけで述べず、必ずAを引き合いに出す。これが世の中のあらゆる主張の基本形であるということは、第1章の7節で書いたとおりです（75ページ）。

「主張」だなんて、うちの子にはそんな高尚なものはない……などと感じるかもしれません。ならば、「言いたいこと」でどうでしょうか。

どんな子にも、言いたいことはあります。「言いたいこと」を、誤解されないよう、ありのままにはっきりと相手に届けたい。誰もが、そう願っています。

それをなし得るために不可欠となる「くらべる力」を支えているのは、対義語（反対語）の知識です。ある程度の対義語知識がないと、くらべようにもくらべられないという場面が増えてしまいます。

ただし、机に向かわなくても語彙は増やせます。会話に気を配ればよいのです。

○今すぐできる、対義語知識の強化策

方法は単純です。いつも、**「反対語は？」と問い続ける**だけです。

たとえば、「駅までお父さんを迎えに行く」という話題になったら、「『迎える』の反対語は？」と問います。「送る」または「見送る」ですね。

最初のうちは、「いちいち質問するのやめてよ、面倒だよ」などと言われるかもし

れません。しかし、習慣になってくれば、いちいち問わなくとも子どもが自分自身で考えるようになるでしょう。「反対語が分からないと落ち着かない」というレベルにまで到達すれば、しめたものです。

他の例を挙げましょう。

「先生にお礼の手紙を送ろう」という話題になったとします。どう問いますか？

たとえば、「『送る』の反対語は？」と問うことになりますね。答えは「受ける」「受け取る」などとなります。このようなやりとりだけで、いくらでも対義語知識は増やせます。

もし、子どもの口から反対語が出てこない場合は、文で問いましょう。

「先生に手紙を『送る』。先生が手紙を……？」

「ああ、『受け取る』か」

こんなふうに文にするだけで、意外に言葉は出てきます。

○積極的に「与える」ことをためらわない

それでも出ない場合は、あまりだらだらと考えさせず、教えてしまいましょう。

持っていない知識を無理に引き出そうと「考えさせる」ことよりも、**「あとあと考**

える道具として使うことのできる知識を与えておく」ことのほうが大切です。

ところで、先ほど「あれ？」と思った方、鋭いですね。

そう、「送る」の反対は、「迎える」でもあり、「受ける」でもあるわけです。

同様の例は多々あります。たとえば、「精神」の反対語には「肉体」「物質」など、複数あります。「心と体」「心と物」といった、複数の対比があり得るわけです。

対義語知識の深め方としては、**「訓読み（和語）と音読み（漢語）を同時に覚える」**という方法もあります。

「集まる」の反対は「散る」ですが、「集合・解散」「集中・分散」といった、同じ文字を含む熟語と同時に例示するようにしていくと、効率よく学べるはずです。

他にも、いろいろあります。

「攻め・守り」と、「攻撃・守備」。「勝つ・敗れる」と、「勝利・敗北」。「幸せ・不幸せ」と、「幸福・不幸」。「易しい・難しい」と、「容易・困難」「平易・難解」。「くらべる力」を根本で支える、対義語知識。ぜひ、強化してください。

06 因果関係をつかむカギは「なぜ？」にある

○因果関係を「たどる」とはどういうことか

「このクッキー、おいしいから、もう食べるのやめるね」

こう言われたら、「え、なんで？」と思いますよね。

「だって、お姉ちゃんにも食べてほしいから。少し、とっておかないと」

この言葉で初めて、ああなるほど、と納得します。次はどうでしょう。

「今日みたいに寒い日は、暖房の設定温度をもっと下げてほしいね」

デパートなどでの会話です。これも、「どうして？」と疑問が残りますね。

「だって、寒くてたくさん着込んでいる上に暖房が効いていると、暑いでしょ」

こう言われれば、ああなるほど、と思います。

これらの因果関係を図示すると、次のようになります。

❶ア　このクッキーはおいしい

だから ⬅ ➡ なぜなら

イ　姉のためにとっておきたい

だから ⬅ ➡ なぜなら

ウ　食べるのをやめる

❷ア　今日は寒い

だから ⬅ ➡ なぜなら

イ　服をたくさん着込んでいる

だから ⬅ ➡ なぜなら

ウ　暖房が効きすぎていると暑い

だから ⬅ ➡ なぜなら

エ　暖房の設定温度を下げてほしい

①……元の文は「ア→ウ」でした（おいしいから食べるのをやめる）。

②……元の文は「ア→エ」でした（寒いから暖房の設定温度を下げてほしい）。

①ではイが、②ではイ・ウが抜けています。**すべての要素を「たどる」ことができていない、「ジャンプした因果関係」になっているのです。**

そのため、聞き手に「なぜ？」と言わせる結果になりました。

ジャンプした因果関係で話を始め、聞き手に「なぜ？」と言わせ、それからジャンプした箇所を埋める――こういった会話のやりとりには、たしかにウイットがあります。なぞかけのような楽しさがあります。

しかし、それは、双方向のやりとりを即座に行える「会話」ならではのことです。読解・作文においては、そういったやりとりはできません。文章だけが頼りです。

誤読しないように注意しながら読まなければなりませんし、誤解させないように注意深く書かなくてはなりません。

○やさしさは〝あだ〟となる

因果関係のジャンプを防ぐ「注意深さ」を子どもに体得させるには、先の会話の例のように、**あなたから「なぜ？」と問いかける機会を増やす**ことが大切です。

「え？　なぜ？　その説明では、他の人を納得させることはできないと思うよ。ちゃんと『たどる』ようにしてごらん」
などと、促すのです。

子どもの近くで日々過ごしていると、その子が何を言いたいのか、すぐに理解できてしまいます。

「あ、この子は、姉にクッキーを残してあげようとしているんだな」
「あ、この子は暑がりだからそういうことを言うんだな」

こんなふうに**「察してあげるやさしさ」が、論理的思考力の育成には〝あだ〟となります。**察する姿勢は、日本人の長所でもあり、短所でもあります。

日常会話の中で、あえて厳密な因果関係に目を向けさせる機会をほんの少し増やすだけで、読み書きにおいても、そういった思考技術を自然に発揮できるようになるのです。ぜひ、心がけてみましょう。

07 まずは「二文」で完結させる

○ 口頭で、今すぐできる短作文

序章でも書いたとおり、論理的思考とは「関係を整理すること」です。

文と文の関係を整理するときに不可欠になるのが、接続語です。

「接続語を制する者は文章を制する」

こう言っても過言ではありません。

接続語への意識を高めることが、とりもなおさず、論理的思考力を高めることにつながっていきます（「接続語」というのは、やや広い意味での「接続詞」です）。

さて、そのための手っ取り早い方法をご紹介しましょう。

それは、**「二文で完結する文章を次々と作らせる」**ということです。

方法は簡単です。次のような「型」をもとにして文章を作るだけです。

❶言いかえる力

A。つまり、B。

B。たとえば、A。

「つまり」を、「要するに」「まとめて言えば」などとしても可。

❷くらべる力

A。それに対して、B。

「それに対して」を、「一方」「しかし」「でも」「けれども」などとしても可。

❸たどる力

A。だから、B。

B。なぜなら、A。

「だから」を、「そのため」「それで」「それが理由で」などとしても可。

「なぜなら」を、「どうしてかというと」「その理由は」などとしても可。文末に「から」などの「接続語に準ずる言葉」がついていれば、「なぜなら」を省略しても可。

例を挙げましょう。日常生活の中に、題材はいくらでも転がっています。

「今日のメニューは、シュウマイ、エビチリ、卵スープ。つまり、中華料理だ」

「中華料理が食べたいな。たとえば、シュウマイ、エビチリ、卵スープ」

「野球は試合のテンポが遅いため、観戦中にトイレに行きやすい。一方、サッカーは試合のテンポが速いため、観戦中にトイレに行きづらい」

「この大きさの封筒が八四円切手一枚で届くのか、心配になった。だから、ポストに入れずに持ち帰ってきた」

「ポストに入れずに持ち帰ってきたよ。なぜって、八四円で届くのか心配だったから」

こういった練習はノートに書いて行うに越したことはありませんが、**口頭でもできること**ですから、今の例のようにどんどん会話に取り入れてみましょう。

○たかが二文、されど二文

ただし、会話ではえてして「長い一文」になりがちです。

「八四円切手一枚で届くのか心配になってね、ポストに入れずに持ち帰ってね……」

というように。

ですから、まずは**「文を切って話す」**という習慣をつけさせましょう。

その都度、「文を短く切って話しなさい」とひとこと言えば済みます。

「八四円切手一枚で届くのか心配になったのね。だから、ポストに入れずに持ち帰って来ちゃった」

こんなふうに、不自然にならない程度に文を切って話す習慣をつけさせれば、文と文との「関係」に自《おの》ずと意識が向くようになっていくはずです。

これらは一見平易な練習ですから、「受験に役立つのか不安」などと思う人がいるかもしれませんが、そんな心配は不要です。これはきわめて本質的な練習です。**あらゆる文章は、この程度の二文を骨組みにして肉付けされているだけです。**受験生が苦しんでいる数千字の論説文も、あるいは物語文も、内容を突き詰めていけば、せいぜい二文に収まるのです。

五文・六文に見える文章も、結局は二文の集合体です。二文で文章を作る練習を重ねることこそ、骨組みを意識した読み書きに必須の方法なのです。

08

模範解答を〝そのまま〟書き写させてみる

子どもの自主性に期待しない

どうしても「書けない」子がいます。

机に向かいながらもなんとなくボーッとしてしまい、手が思うように動かない子。

それでいて、「ボーッとしてないでちゃんと考えなさい」などと言えば、「ちゃんと考えてるよ！」という言葉が返ってきます。困りものですね。

そんな子に対し、多くの親・教師は、こう考えます。

「困ったなあ。でも、今ここで自分が余計なヒントやお手本を与えたり、必要以上の指示をしたりしてはいけないんだ。子どもの自主性を大切にしなければ」

子どもに力をつけたいのなら、この**〝自主性信仰〟をまずは捨て去ることです。**

水も与えずに、芽が出てくるはずはありません。

まず与え、それから待つのです。この順序を逆にしてはいけません。

遠慮なくヒントやお手本を与えましょう。「与え方」を工夫しながら進めていけば、子どもの意欲を失わせることなく、それなりの文章を仕上げさせることができます。

このようなことを繰り返すうちに、子どもは徐々に自信を持ち始めます。いつしか、「もういいよ、自分で書けるから」などと言い出します。そして、本当に、自力で文章を書けるようになるのです。

これが、自立というものです。

あとは、子どもに任せましょう。自転車を後ろから支えていた手を、そっと離すときのように。

○お手本を与えるにも「やり方」がある

「与え方」を工夫するといっても、いったいどうすればよいのか分からない、という方も多いことでしょう。そこで、いくつかのパターンを挙げておくことにします。

ここに挙げる方法は、第1章で挙げたような短作文はもちろん、学校の作文課題、読解問題の記述解答など、「うまく書けないときのお手本の与え方」として、何にでも当てはめることができます。

お手本とは、作文の場合は、「たとえばこんなふうに書けばいいんじゃない?」という「内容の例示」になります。読解問題の記述解答の場合は、問題集やテストに付属している「模範解答」になります（もちろん例示でも可）。

子どもの鉛筆がなめらかに動き出す、お手本の与え方

全部を 一部を ・前半や後半を ・書き出しを	見ながら 聴きながら 見て覚えてから 聴いて覚えてから	全く同じように書かせる 真似して書かせる

この表の各項目を組み合わせれば、様々な「与え方」が可能になります。

最も簡単なのは、**「全部を／見ながら／全く同じように書かせる」**方法、つまり、お手本のすべてを「視写」させる方法です。

ただしこれは初歩の段階ですから、慣れてきたら徐々に高度にしていきます。私の経験上、多くの場合、**「前半を／聴いて覚えてから／全く同じように書かせる」**（後半は自力で書かせる）というレベルが効果的です。

たとえば、１２４ページで挙げたような対比の型に当てはめて書く課題なら……

バスケは試合のテンポが速い。それに対して、野球は試合のテンポが遅い。

前半のバスケの文を、あなたが読んであげます。お子さんはそれを聴き、内容を（復唱するなどして）覚えた上で、同じように書きます。後半の文は、自力で書かせます。

なお、「見ながら・聴きながら」逐一書かせるよりも、「見て覚えてから・聴いて覚えてから」のほうがハイレベルであり、力がつきます。

また、「真似して書く」というのは、**ある程度の独自性を発揮して内容を変えてもよい**という意味です。

「とりあえずお手本を写しておきなさい」という単純な指示よりも、圧倒的に価値が高いこれらの方法。ぜひ実践してみてください。

09 断言！「原稿ノート」で国語ができる子になる

○このノートで書く力がみるみる変わる！

私の国語塾では、開塾当初から、生徒が使うノートをすべて統一しています。

国語の勉強をするならこのノートは不可欠、と確信しているノートです。

それは、**ライフ株式会社が販売している「原稿ノート」**です。

133ページの写真をご覧ください。一ページが「一行二〇マス×一〇行」となっており、全一〇〇ページ（五〇枚）。一マスの大きさは、九ミリ×九ミリ。見開きがちょうど四〇〇字詰め原稿用紙と同じ文字量です。

けっこうな厚みがあり、価格もやや割高ですが、それだけの価値があります。

このノートを子どもに手渡すとき、私は、「これ一冊書いたら力がつきそうでしょ」などと笑顔で伝えます。

子どもは、苦笑しつつも賛同の表情。子どもながらの意欲を感じる瞬間です。

さて、このノート、いったい何がよいのでしょうか。

まず、原稿用紙と比較します。原稿用紙は「紙」ですが、これはノートです。紙質も大変よく、消しゴムを少し使っただけで折れたり破れたりするような「紙」のデメリットが、ほとんどありません。

また、ノートですから、「紙」のようにバラバラになりません。そのため、保存もラク、後から見直すのもラクです。新聞紙と本のような差があります。

これらはいずれも機能面にすぎませんが、**子どもの学習においては無視できない、大切な部分**です。絵を描くときに画用紙の質を無視できないのと同様です。

通常、子どもたちは学校の授業の場で原稿用紙と出会うわけですが、結局はぺらぺらの紙であり機能的に劣るため、普通の罫線《けいせん》ノートに主役の座を奪われるわけです。

○知らず知らずのうちに「字数感覚」が身につく

次に、普通のノート（罫線ノート及びただのマス目ノート）との比較をしてみましょう。

一～三年生くらいの子はマス目のノートを使っているかもしれませんが、原稿用紙タイプのマス目とは決定的に異なる点があります。

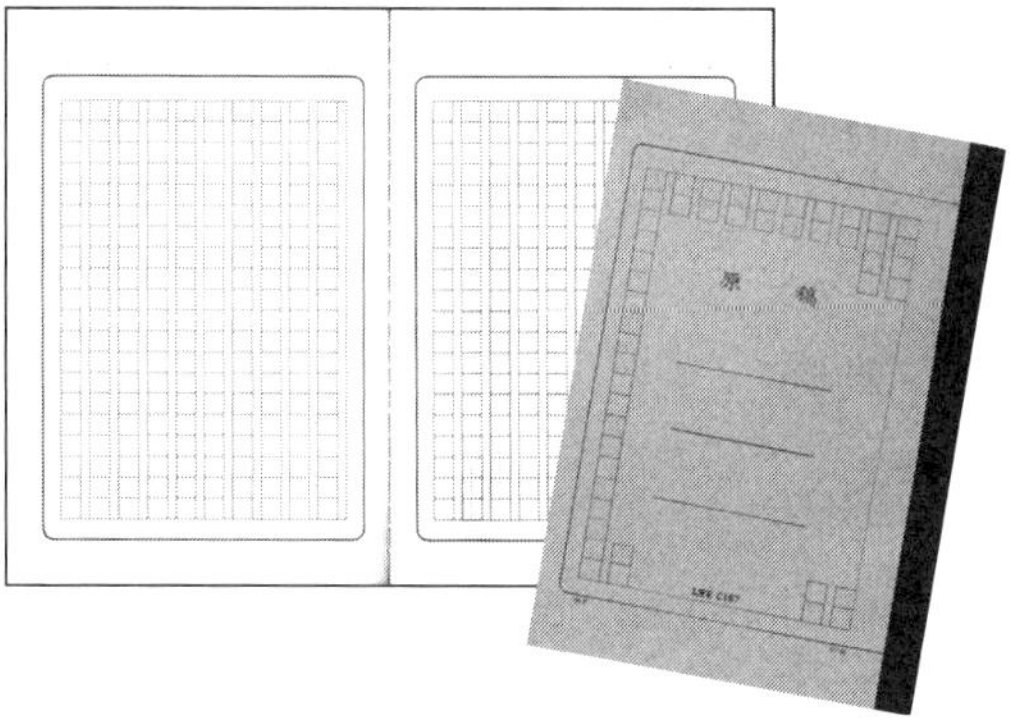

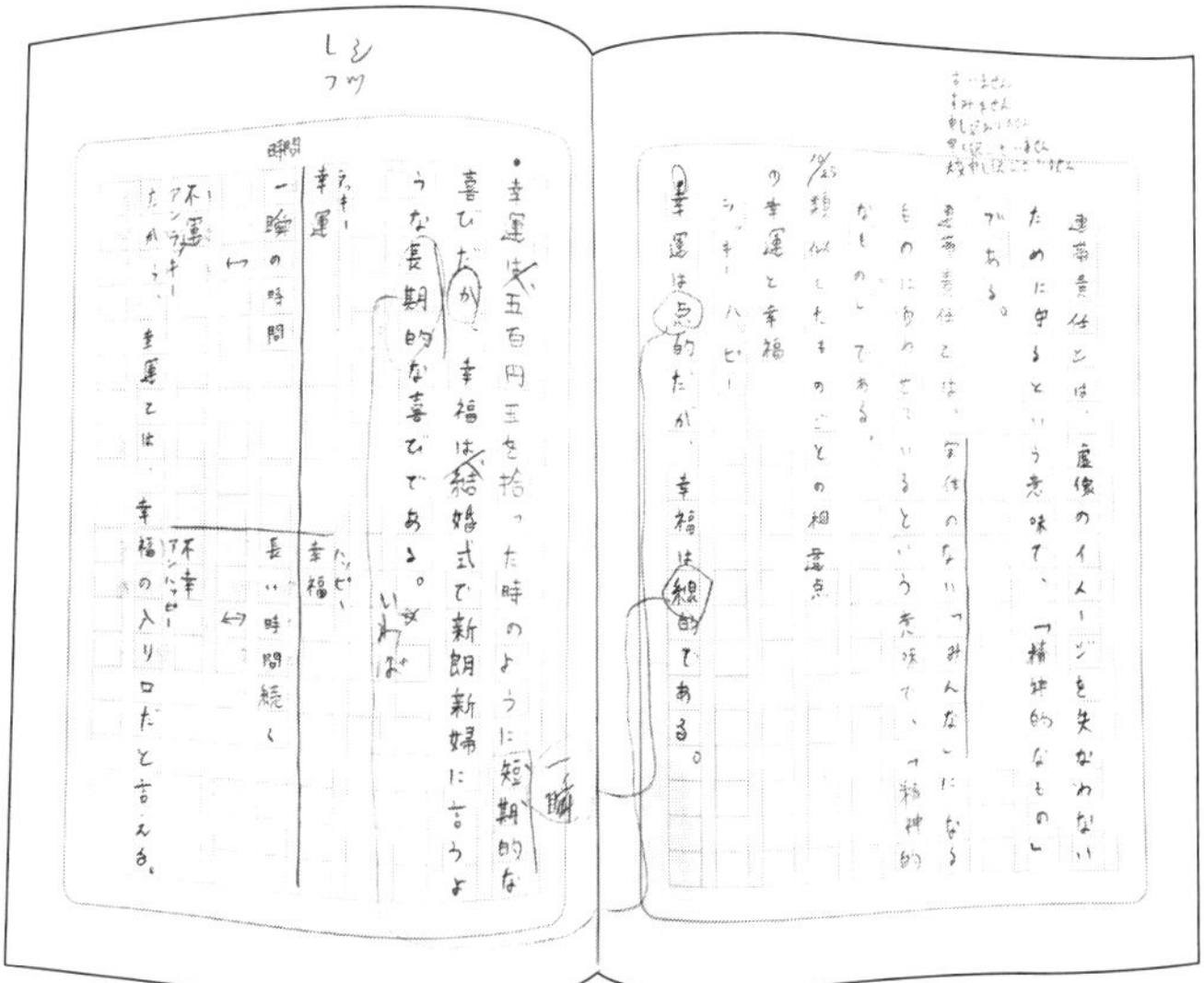

品番C167・タテ・セミB5・サイズ254×178mm
お問い合わせ先：ライフ株式会社　https://life-st.jp/conts/

原稿ノートでは、**文字量をひと目で把握できます。**五行書けば一〇〇字。一行減らせば八〇字。逆に、一行増やせば一二〇字。あるいは、一ページ半で三〇〇字……といったように、すぐ計算できます。これが、子どもの「字数感覚」を育てます。

読解問題では、「六〇字以内で述べよ」といった類の設問が多々登場します。こういった字数制限が与えられたとき、字数感覚のある子とない子とでは大きな差が出ます。

字数感覚がないと、指定された字数に合わせるために何度も消すハメになります。

単なるマス目ノートだと、一行が一八マスだったり、一ページが一七行だったりするため、こういった感覚を育てることはできません。罫線タイプは言わずもがなです。

国語では原稿ノートを使う――これを習慣にし、字数感覚を育てましょう。このようなことに気を配るのも、親・教師の大切な役目ではないでしょうか。

10

罫線ノートを使う子に見られる致命的なミス

○「罫線だけ」では句読点が消える⁉

先にも書いたように、私は、国語塾の全生徒に原稿ノートを与え、使わせています。ただ、忘れ物をする子というのが、当然います。「先生、今日、ノートを忘れました」と言いにくるわけです。

この場合、通常は普通の原稿用「紙」を与えますが、それを切らしている場合には普通の罫線ノートを断裁した紙を与えています。

特に後者の場合、その子の書く文章には顕著な変化が生じます。

その最大の変化は、**「句読点が消えることがある」**ということです。

原稿ノートを使っているときにはいつも律儀に句読点をつけ丁寧な字で書いているような子でさえ、罫線ノートに書かせると、それが乱れるのです。

左ページの写真をご覧ください。

原稿ノートのほうは句読点がはっきりと書かれていますが、罫線のほうは不明確です。

この写真は有志生徒に再現してもらったものであり、実際の授業で書いたものではありませんが、おおむねこんなふうに違いが出ます。同じ子が書いても、です。

途中、小さな点がついていますが、どうやらこれが読点「、」のつもりのようです。

原稿ノートならば、一マス使って書く以上、ある程度はっきりとした読点をつけようという意識が生じます。

ところが、罫線になるとたんに意識が薄れるのです。写真のように、句点「。」が消えてしまうこともあります。

「たかが句読点くらい、かまわないじゃないか」

そんな声も聞こえます。しかし、**たかが句読点、されど句読点**です。

とりわけ読点は、その有無によって文意が変わるものであり、決して無視できません。

〔「罫線ノートでの作文例」と「原稿ノートでの作文例」〕

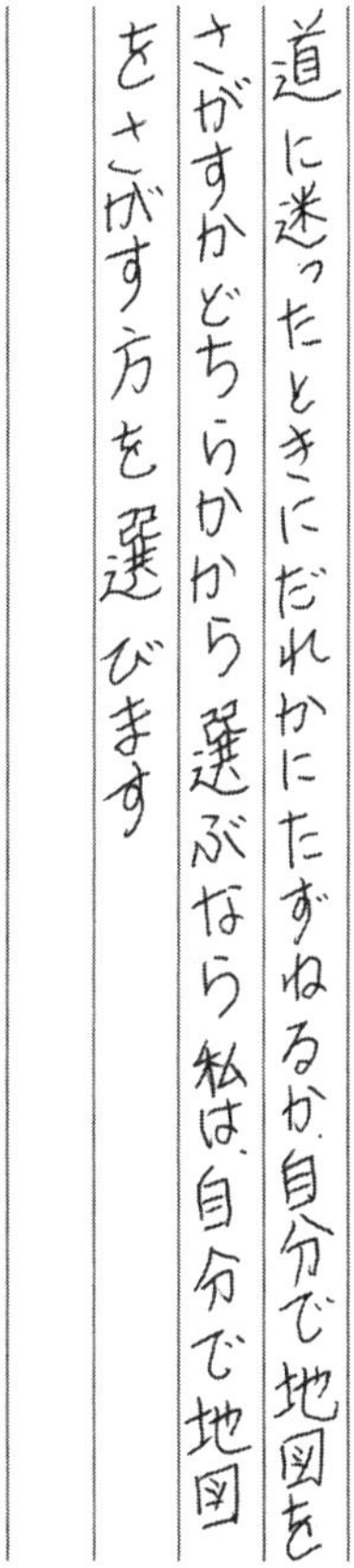
道に迷ったときにだれかにたずねるか、自分で地図を
さがすかどちらかから選ぶなら私は、自分で地図
をさがす方を選びます

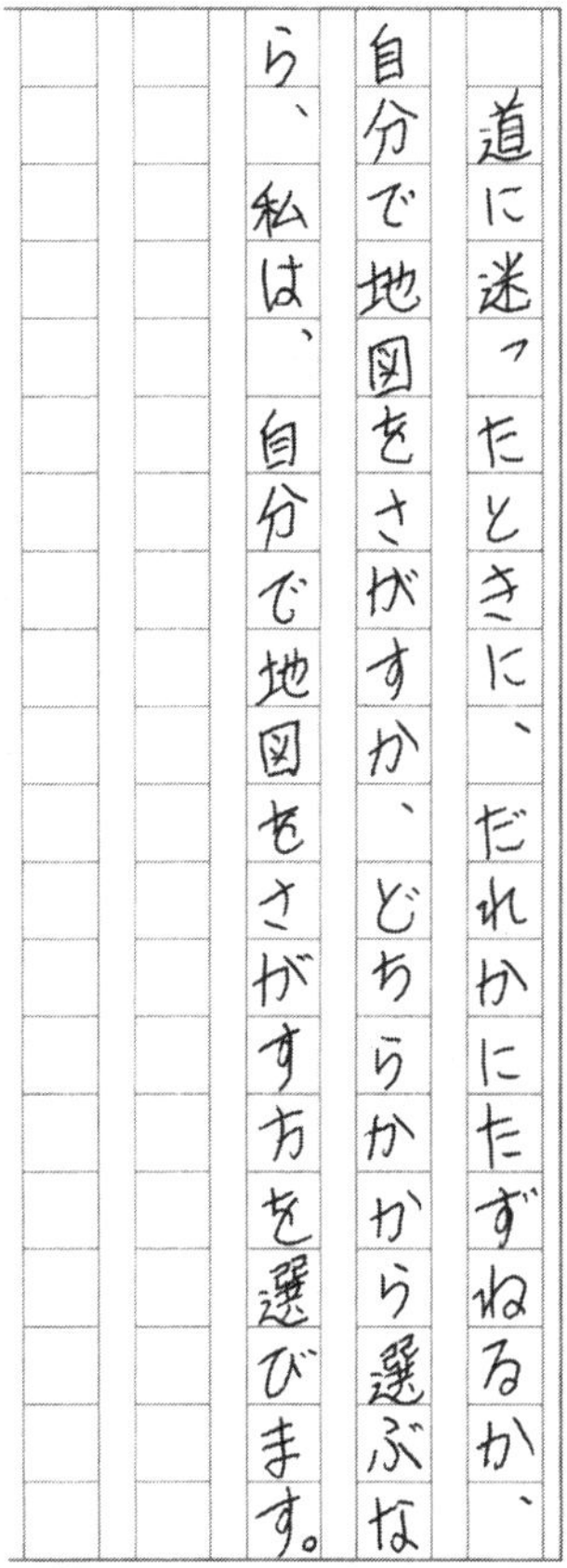
道に迷ったときに、だれかにたずねるか、
自分で地図をさがすか、どちらかから選ぶな
ら、私は、自分で地図をさがす方を選びます。

❶「赤いランドセルの中の筆箱」
❷「赤い、ランドセルの中の筆箱」

①では、赤いものはランドセルですが、②では、赤いものは筆箱です。

読点は、直前直後の言葉のつながりを断ち切る働きを持ちます。②では、「赤い」と「ランドセル」の修飾関係が断ち切られています。

このように、読点の有無は意味に大きな影響を与えます。

原稿ノートは、こういったことがらへの意識を高めるためにも、有益なのです。

○整理されたノートこそが、頭の中を整理してくれる

罫線ノートでは、文字のサイズが大きくなったり小さくなったりしがちであるため、文字のバランスが乱れ、結果的に読みづらいノートになってしまいます。

その点、原稿ノートでは、たとえ文字の大きさが変わっても一行の文字数は変わりませんから、バランスのとれた読みやすいノートになります。

計算問題を解く際にも、**罫線ノートに乱雑に書いた計算はミスを誘発しやすく、逆にマス目ノートに整理して書いた計算はミスが減ります。**

これは国語でも同様です。

読みやすく整理されたノートこそが、子どもの思考を整理してくれるのです。

ノートとは、思考の足跡を残す場です。

自己の思考の足跡を後できちんと確認できるようにするために、原稿ノートは最適なアイテムだと言えるでしょう。

Column

お子さんは、キーボード入力ができますか？

いわゆる「読み・書き・算盤《そろばん》」と呼ばれる基礎技能の中に、「文字入力」の類を加えるべきだと、私は考えています。スマホでのフリック入力などはできる子が増えているはずですが、キーボード入力となると、まだまだでしょう。特にローマ字入力の技能を磨く必要があります。そのためには、ローマ字自体を覚えるとともに、なるべく両手でブラインドタッチできるよう効率的な練習を積む必要があります。

ローマ字の両手ブラインドタッチは意外に簡単です。まず、AIUEOの五つのキー（母音）を覚えさせます。これで、入力の半分をカバーできます。あとは子音を徐々に組み合わせていけばよいわけです。

キーボード入力なんてできなくても日常で困らない、という意見もあるかもしれません。しかし、学年が上がり、文章を書く場面が増えるほど、スマホ・タブレットでは限界がきます。パソコンでのブラインドタッチが、どうしても必要になるのです。ローマ字入力の技能は、英文入力にも当然、転用できます。今のうちに、始めておくようにしましょう。

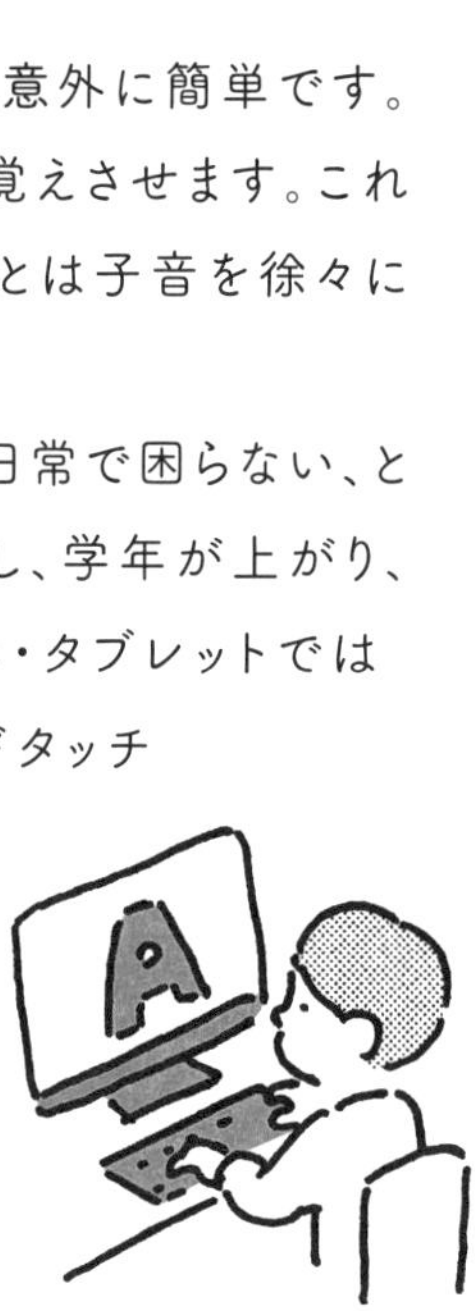

第3章

読解力がない子に
どうアドバイスする?

01

「筆者が言いたいこと」を短時間でつかむには？

○「定義」こそ、文章理解の突破口

「定義」とは何かについては、80ページで既に述べました。ここでは、とりわけ**説明的文章の読解問題で「定義」を活用するための技術**について述べます。

まずは、次の文章から。

> 「あなたには何人の友達がいますか」
>
> こう問われると、ただそれだけで、友達の人数が少ないことはよくない、多いほどよいのだ、といったメッセージを突きつけられている感じがしてしまいますよね。でも、本当にそうなのでしょうか。本当の友達って、どんなものなのでしょうか。

友達の数が多くても、お互いに理解し合えているとは限りません。あなたが、家族にさえ言えないような悩みを抱えてしまったとき、自分の時間を割いてあなたの言葉に耳を傾けてくれるような友達が、その中に何人いるでしょうか。

同じ塾に通っている一〇人の友達と、みなで同じ学校を受験したとします。その結果、あなただけが合格し、友達はみな不合格でした。そのとき、あなたの合格を心の底から喜んでくれる友達は、その中に何人いるでしょうか。

苦しみを、喜びを、心から分かち合える存在。それが、友達というものです。そういう友達は、もしかすると一人か二人しか得られないかもしれません。でも、それで十分でしょう。大切なのは、数ではなく、関わり合いの深さなのですから。

さて、この文章に対して、次の問いが出されたとします。

【問い】 筆者が最も言いたかったことを三〇字以内でまとめなさい。

答えは、「苦しみや喜びを分かち合える存在こそが友達であるということ。（二九字）」となります。これは、「それが、友達というものです」という定義に着目した答えです。

このような形の定義を、私は「述語タイプの定義」と呼んでいます。80ページでご紹介したような「主語タイプの定義」に変換すると、答えはこうなります。

「友達とは、苦しみや喜びを分かち合える存在であるということ。（二九字）」

主語タイプの定義　――　AとはBである。
述語タイプの定義　――　B。それがAである。

通常、文章の中では、この二つが交錯して登場します。

主語タイプには目が向いていても述語タイプには目が向かないということがありますから、注意が必要です。見逃さないよう、文章を読みながら次のように■で囲んでいくことが肝心です。

Aとは、Bである。／Aというもの（こと）は、Bである。
B、それがAである。／B、それがAというもの（こと）である。

ところで、先の答えを、「大切なのは友達の数ではなく関わり合いの深さだということ。（二八字）」とした子もいるでしょう。「ではなく」という対比表現に着目した答えです（200ページ参照）。これはひとつの解答として成立します。

ただし、筆者が「最も」伝えたい主張は、「数ではない」という否定のメッセージよりもむしろ、「関わり合いの深さである」という肯定のメッセージのほうです。

この「深さ」をくわしく説明しているのは、「苦しみや喜びを分かち合える」という部分です。やはり、ここを優先的に使い、肯定のメッセージを強調すべきでしょう。

あの手この手で「筆者の主張」を問うてくる出題者に勝つために、**その主張が端的に述べられた「定義」をキャッチする**ことほど有効な手段はありません。

これを突破口にすれば、どんなに難解な文章でも、その牙城《がじょう》に迫ることができるのです。

02

読解設問の三本柱①「どういうことですか」

○勝負の分かれ目は「比喩の言いかえ問題」

長文読解問題の設問は、大きく三つの種類に分けられます。

❶言いかえる問題（同等関係を整理する問題）**「どういうことですか」**
❷くらべる問題（対比関係を整理する問題）**「どう違うのですか」**
❸たどる問題（因果関係を整理する問題）**「なぜですか」**

これら以外にも、「並べる問題（並列関係を整理する問題）」「語彙知識の問題」などがありますが、「論理的思考力」を問うていると言えるのは、主に右の三つです。

ここではまず、①のパターンについて述べます。

読解問題の大半は「言いかえる」問題です。②・③のパターンとともに複合的に出てくる場合も含めれば、九割を占めると言ってもよいでしょう。

中でも特に頻出するのが、**「比喩《ひゆ》表現の言いかえ」**です。さっそくですが、例題です。

> アイデアが浮かんできたら、すぐメモ帳に記録しよう。アイデアというのは、浮かんでは消えてしまう、はかない存在だ。あなたを待っていてはくれない。雨上がりの空につかの間だけ浮かんでいる美しい虹《にじ》のようなものだ。しかし、カメラをいつも持ち歩いている人は、虹を撮影するチャンスを逃さない。あなたも、メモ帳を持ち歩き、いつでも「虹」をつかまえられるようにしよう。
>
> **【問い】**傍線部について、「『虹』をつかまえる」とは、どういうことですか。
> 三〇字以内で答えなさい。

答えは、「浮かんでは消えてしまうアイデアを記録しておくということ。（二八字）」などとなります。

正解を導き出すための手順は、次のようになります。

比喩の言いかえ問題を解くための手順

❶設問が「言いかえ問題（抽象化問題か具体化問題）」であることに気づく。
❷傍線部が「具体的表現（ここでは比喩表現）」であることに気づく。
❸傍線部が具体だから答えは抽象、と考える（抽象化問題であることに気づく）。
❹傍線部をパーツに分け、それぞれを抽象的に言いかえている言葉を探す。
❺パーツを組み合わせて解答文を作る。

①について。「どういうことですか」という表現に着目すれば簡単です。ただし、「どうすることですか」「どのような意味ですか」「意味を説明しなさい」などというバリエーションがありますから、注意が必要です。

②について。この例題では、比喩であることが明確です。一見比喩らしくない表現になっているケースもありますが、「　　」でくくられている言葉はたいていが比喩ですから、さほど苦労せずとも比喩であるということに気づけるでしょう。

③〜⑤について。この例題では次のように進めることになります。

具体

「虹《にじ》」を　つかまえる

抽象化　抽象化

抽象

浮かんでは消えてしまうアイデアを　記録しておく

「浮かんでは消えてしまう」の部分は、一行目の定義の文「アイデアというのは……」を活用しています。「虹＝アイデア」とさえ分かれば、ここに目が向くはずです。

誤答例も挙げておきましょう。

たとえば、「虹のようにすぐ消えてしまうアイデアを記録しておくということ。（三〇字）」などです。

致命的ミスは、「虹」という具体的比喩表現を、そのまま残していることです。**抽象化問題では、具体をできるだけ排除しなければならないのです。**

「比喩の言いかえ」は、中学入試から大学入試まで、読解における最頻出問題です。

ぜひ、ここで挙げた解き方をマスターできるようにしてください。

03

読解設問の三本柱②「どう違うのですか」

○「対比の文章」を正確に整理できるか

読解問題に出される文章、いや、世の中の文章という文章は、そのほとんどが「対比」の軸を骨組みにして書かれていると言ってよいでしょう。

日本と西洋。自然と文明。物質と精神。破壊と建設。感情と理性。動と静。子どもと大人。信頼と裏切り。優しさと厳しさ。昔と今。善と悪。……こういった対比構造が、あるときは明示され、またあるときは暗示されながら、文章全体を支えています。

説明的文章でも文学的文章でも（詩や短歌・俳句でさえも）同様です。ですから、**文章を読み解くということは、イコール、その文章の対比構造を整理するということでもある**のです。さて、ここでもまず例題を示します。

テレビのニュースでは、今起こっている出来事を生放送で知ることができ、速報性が高い。また、映像と音声があるため、ニュースの内容に真実味が増す。一方、新聞では、情報を手に入れられるまでに時間がかかる。「号外」といえども、テレビには劣る。また、新聞は文字と写真で伝えるしか方法がなく、情報の真実味が薄れる。

しかし、テレビにも欠点はある。大事件の際など、テレビではどの局をつけてもすべて同じニュースしか流されていないといったバランスの悪さが多々見られる。視聴率を優先すべく、大きなニュースを中心に取り上げるためだ。それに対して、新聞は、たとえ大事件があっても小さなニュースをないがしろにはしない。より多くの情報をバランス良く入手するには、新聞が適している。

【問い】テレビと新聞は、どう違うと述べられていますか。
「テレビは……が、新聞は……。一方、テレビは……が、新聞は……。」
という形で、一三〇字前後の二文にまとめなさい。

答えは、たとえば次のようになります。

【解答例】 テレビは速報性が高く、映像と音声によって情報の真実味が増すが、新聞は速報性が低く、文字と写真しか使えないため情報の真実味が薄れる。一方、テレビは大きなニュースばかりを取り上げるため情報のバランスが悪いが、新聞は小さなニュースも取り上げるため情報のバランスが良い。（一三一字）

大切なのは、**逃してはならない対比項目がすべて入っているかどうか**です。「速報性」「情報の真実味」「情報のバランス」という三つの観点が、テレビと新聞の双方について書かれているかどうか。これが、最大の評価基準となります。

あとは、「映像と音声」と「文字と写真」の対比、「大きなニュース」と「小さなニュース」の対比をおさえているかどうかも、ポイントになります。

そこで、次の誤答の減点箇所を、お子さんと一緒に考えてみてください。

【誤答例】 テレビは速報性が高く、映像と音声によって情報の真実味が増すが、新聞は号外といえども速報性が低くなる。一方、テレビは、大事件の

> 際などには視聴率を優先すべく大きなニュースを中心に取り上げるが、新聞は小さなニュースも取り上げるため情報のバランスが良い。（一二三字）

この誤答例では、「文字と写真しかないため情報の真実味が薄れる」という新聞の欠点と、「情報のバランスが悪い」というテレビの欠点が抜けています。

文章を読み始め、「あ、これは対比の文章だ」と分かったら、その時点からすぐに、対比されている項目を整理し始めることが肝要なのです。

> テレビ―速報性高―映像・音声―真実味増す――大ニュース――バランス悪
> 新聞――速報性低―文字・写真―真実味薄れる―小ニュース――バランス良

この程度のことを、問題用紙の余白にメモするようにします。

このメモに二分かかったとしても、結果的に解答をスムーズに書くことができ、二分以上の時間の節約になっていくわけです。

慣れるまで何度も実践するよう、声をかけていきましょう。

04

読解設問の三本柱③「なぜですか」

○理由問題での失点を防ぐ秘策

読解頻出の設問パターンの三つ目は、「なぜですか」です。
さっそく、例題から。

「計算問題集をがんばって進める」という目標よりも、「一日二〇問ずつ計算問題集を進める」という目標のほうが実現の可能性は高い。数値の入った目標のほうが達成しやすいのだ。
数値というものは、自分が今どこまで来ているか、これから先どれだけ進めばよいか、といったことを具体化してくれる。たとえば、二〇問のうち一〇問が終われば、「半分終わったぞ。残り一〇問だ」という新たな目標を持つことができる。

その結果、目標達成への意欲が高まり、目標達成の可能性が上がるわけである。

【問い】――部「数値の入った目標のほうが達成しやすい」のは、なぜですか。

さて、答えは、次のうちどれでしょうか。

❶数値は、自分が今どこまで来ているか、これから先どれだけ進めばよいか、といったことを具体化してくれるから。

❷数値は、目標達成への意欲を高めてくれるから。

❸数値は、自分が今どこまで来ているか、これから先どれだけ進めばよいか、といったことを具体化し、目標達成への意欲を高めてくれるから。

こうして選択式にすれば、「ああ、正解は③か」と分かります。

しかし、選択式でなければ、うっかり「①だけ」あるいは「②だけ」で答えてしまうのではないでしょうか。

この文章の中の因果関係は、次のようになっています。

ア　数値は、自分が今どこまで来ているか、これから先どれだけ進めばよいか、
といったことを具体化してくれる。

だから ⇧ ⇩ なぜなら

イ　目標達成への意欲が高まる（目標達成への意欲を高めてくれる）。

だから ⇧ ⇩ なぜなら

ウ　数値の入った目標のほうが達成しやすい。

ここで問われているのは、「ウはなぜか」ということです。

「なぜ」と理由を問われたら、まず接続語を探します。理由問題の鉄則です。「だから」や「なぜなら」があれば最も分かりやすいのですが、実は、登場頻度はさほど高くありません。他の接続語に注目する必要があります。

「だから」と同様の働きをする接続語としては、「したがって」「そのため」「その結果」などがあります。

「なぜなら」と同様の働きをする接続語としては、「理由は」「原因は」などの他、「〜から」「〜ため」「〜のだ・のです・のである」「〜わけだ・わけである・わけです」

などの文末表現が挙げられます（「のだ・わけだ」系については201ページも参照）。

ここでは、本文最後の次の文に注目します。

「その結果、目標達成への意欲が高まり、目標達成の可能性が上がるわけである」

文末に「わけである」とあることから、**ここに理由（あるいはまとめ）があるのではないか、と見当をつけます。**すると、後半の「目標達成の可能性が上がる」という部分が「ウ」（――部）と合致していることに気づきます。

ならば、文脈上、その直接の理由は「目標達成への意欲が高ま」ること（「イ」）だと分かります。

文頭の「その結果」という言葉も見逃してはなりません。「その」は、「ア」の内容を指しています。

つまり、本文最後の文は、「アの結果、イになり、ウになる」ということだったのです。よって、ウの理由はイ、イの理由はア、となり、答えは、「ア→イ」のセットである③のパターンになるということが分かります。

ここで大切なのは、あくまでも**「ア→イ」のセットでなければならない**ということです。「ア」だけ、「イ」だけでは足りないのです。

これについて、次は物語文を例に確かめていくことにしましょう。

05

「気持ち」を説明するにも「型」がある

○心情を問われたら、どう答える？

物語文（文学的文章）の読解問題では、人物の「気持ち」が頻繁に問われます。

「気持ちや心情なんて、ケース・バイ・ケースでその文章の中で判断するしかない。対策なんてあるはずがない」

こんなふうに思っている方がいるかもしれません。

たしかに、人物の心情そのものは多様です。しかし、**心情を問われたときの「答え方」は、ほとんどひとつに限定されます。**そこで、まずは次の例題から。

> ミチコは、仲のよい友達とケンカをしてしまった。
> ミチコの目から涙がこぼれた。

【問い】ミチコが泣いたのは、なぜですか。

この短文と問いを、誰かに口頭で伝えてみてください。

相手が子どもでも大人でも、きっと次のような答えが返ってくるはずです。

「え？　そんなの簡単。仲のよい友達とケンカしたから、でしょ？」

日常会話レベルならこれで済んでしまうかもしれませんが、こと読解問題では、そう簡単にはいきません。

正解は、たとえば次のようになります。

「仲のよい友達とケンカをしたことで、さびしさがあふれたから」

「さびしさ」については、元の文章中に書かれていません。

しかし、読解で求められるのは、この**「書かれていない心情」の〝読み取り〟**です。

「泣いた」ことの直接の理由は、「ケンカ」ではなく、「ケンカによって生じたさびしさ」だったわけです（もちろん、さびしさ以外にも、罪悪感、後悔、やりきれなさ等々の心情があり得ますが、ここでは「さびしさ」に絞って考えます）。

この文章の因果関係を図にすると、次のようになります。

ア　仲のよい友達とケンカした。……………〈事実〉

だから ⇩　⇧ なぜなら

イ　さびしさがあふれた。……………〈心情〉

だから ⇩　⇧ なぜなら

ウ　涙がこぼれた。……………………〈言動〉

文学的文章（物語文）の読解では多くの場合「ウ（言動）」に傍線が引いてあり、その言動に至ったきっかけとしての「イ（心情）」が問われます。

ただし、答えは「イ」だけではダメです。あくまでも**「ア＋イ」、つまり「事実＋心情」**で構成しなければなりません。そして、これこそが、心情を問われたときの答え方の「型」です。

いざ読解問題を解く際に「事実＋心情」の型で記述解答を書けるようにするためには、普段から「事実＋心情」の型で短文を書く練習を積むことが最善策です。

たとえば、次のような短文をノートに書かせてみましょう。

まずは、お子さんと一緒に空欄を考えてみてください。

❶一週間で退院できると言っていた母の退院が遅れていることで、（　　）。
❷何度も試してようやくうまくいったことに対する（　　）。
❸待ち合わせに遅れて迷惑をかけてしまったことに対して（　　）。
❹ずっと心配していたテストが終わったことで、（　　）。

それぞれの解答例を挙げます。

①不安がつのった、②達成感、③申し訳なく思った、④緊張がほぐれた、など。

もちろん、他にも多くの解答例が考えられます。

①・④のように「ことで」でつなぐと、因果関係を理解していることを採点者に伝えることができます。②・③のように「対する・対して」でつなぐ形でもかまいません。これも、事実と心情を区別する姿勢を、採点者に明示できます。

このような細部にまで気を配ればこそ、得点力は上がります。そしてそれは、**わが子を言葉に敏感な子どもに育てるために不可欠な要素**でもあるのです。

なお、ここで述べた内容の強化策を、225ページに書いています。ご参照ください。

06

「接続語挿入問題」のケアレスミスが激減する鉄則

「言いかえる力」【同等関係】

「くらべる力」【対比関係】

「たどる力」【因果関係】

○「出題者のワナ」に引っかからないようにするには？

私が「接続語」と呼んでいるものには、品詞分類上のいわゆる接続詞の他にも、「つまり」「いわば」といった副詞や、「から」「ので」といった助詞なども含みます。

これらは要するに、**「前後の関係性を表す言葉」**です。

接続語を問うことで、文と文（文章と文章）の「関係」を読む力、つまり「論理的思考力」が備わっているかどうかを試すことができます。読解問題で頻出するのも当然、といったところでしょう。

ただし、言葉というものに「絶対」はありません。

言葉の論理には、数学の論理とは若干異なる点があります。

それは、使い手の主観を完全には排除できないという点です。

「必死に勉強した。（　　　）、九〇点だった」

この空欄には、「だから」も「しかし」も入ります。

九〇点が高い点数だと思っている人には「だから」が適切に思えますが、低い点数だと思っている人（一〇〇点満点を目指しているような人）には「しかし」が適切に思えます。

つまり、九〇点というものに対する主観が、言葉に影響しているのです。

このように、数学的な論理とは一線を画しているのが、「言葉の論理」です。

しかし、言葉というものが人間同士の意思疎通を支える「共通の記号」である以上、そこに一定の論理性があるのは間違いありません。

そして、**ほとんどの読解問題では、その論理性が問われています。**先のように主観の入る余地のある部分は、問われないのが一般的です。

そう考えると、接続語挿入問題の解き方を身につけておくことは、やはり有益だということになります。

さて、前置きが長くなりました。例題に入ることにしましょう。

クラシックでもポップスでも、音楽というものは、多くの人の心を落ち着かせてくれたり、元気にさせてくれたりするものであり、生活を豊かにしてくれるものだ。

（　　）、私たちは、さりげなく花を飾るときのように、さりげなく生活のなかに音楽を取り入れようとする。

【問い】 空欄に入れるのに最も適した言葉を、次の中から選びなさい。

しかし　だから　ところで　たとえば　つまり　あるいは

空欄はたいていの場合、長い文と長い文の間に設けられます。

前後の文が長ければ長いほど、それらの関係性をとらえづらくなります。そういう文章は、本来は「悪文」なのですが、あえてそこを問うのが読解問題というものです。戦うしかありません。

突破口はただひとつ。**「前後の文の要点をとらえる」**ということです。

一文の要点のとらえ方は、第1章（55ページ）で書きました。

この場合、前後の文の要点は次のようになります。

・前半――音楽というものは、生活を豊かにしてくれるものだ。
・後半――私たちは、生活のなかに音楽を取り入れようとする。

実際に解く際には、これを、頭の中でさらに短くします。たとえば、次のように。

「音楽は生活を豊かにする。（　　）、私たちは生活に音楽を取り入れる」

ここまで短くすれば、「関係」は自《おの》ずと見えてきますね。答えは、因果関係を示す「だから」になります。

「とりあえず選択肢をひとつひとつ当てはめてみて、感覚的に決めてしまう」というやり方は、御法度です。出題者のワナに自《みずか》ら引っかかろうとしているようなものです。

選択肢があっても、ひとまずはそれを見ずに（手や鉛筆で選択肢を隠してしまうと効果的）、自分の頭で考えるのです。

まず、前後の文（文章）の要点をとらえる。次に、同等関係、対比関係、因果関係などといった「関係」を見抜く。その上で、それに該当する接続語を選ぶ。

これらが、ミスを防ぐために不可欠なステップなのです。徹底させましょう。

07

「抜き出し問題」を短時間で解く鉄則

○抜き出し問題はナンセンスである

「――部と同じ内容を述べた一〇字以内の部分を、文章中から抜き出しなさい」
「――部と対照的に描かれた二〇字以内の表現を、文章中から抜き出しなさい」
「――部の理由が書かれた三五字以内の一文を、文章中から抜き出しなさい」

こういった設問を、「抜き出し問題」と呼びます。

正直なところ、抜き出し問題の半数は悪問です。**いたずらに子どもの時間を奪うだけの設問が多いのです。**

二〇〇〇~四〇〇〇字前後にも及ぶ長文を読み、かつ設問を一〇近くも解くための時間として二〇分ほどしか与えられていない中で、抜き出し問題は相当な時間のロスにつながります。

ある程度自分の言葉で書いてよいのであればすぐに妥当な答えを書けるのに、文章中の言葉をそっくりそのまま書かないと〇点になってしまうため、気の遠くなる「宝探し」に取りかからねばならず、ただ時間だけが過ぎ、他の問題を解く時間さえなくなってしまう——要するに、答えが分かっているのに点数が取れず時間も失う。

こんな出題方法は、きわめてナンセンスと言わざるを得ません。

そもそも、抜き出し問題は、あくまでも採点者の都合を優先しています。

「答えをひとつに確定することで、採点の客観性を保つことができる」と言えば聞こえはいいですが、結局は採点をラクにしたいだけのことです。

○時間ロスと誤答をなくす二つのコツ

このように悪辣《あくらつ》な「抜き出し問題」ですが、残念ながら子どもたちはこれを避けて通るわけにはいきません。

そこで、これに打ち勝つための二つの鉄則を挙げておきます。

第一の鉄則は、**「探す前に場所の見当をつける」**ということです。

見当をつけるための観点は二つあります。

まず、**問われている「――部」の「前」を探すべきか「後」を探すべきか**、という観点です。答えるべき内容は、「既に述べられていること」か、「これから述べられること」か。この見極めは一見難しく思えますが、意外に簡単です。具体例は省きますが、少なくともこの観点を持っているだけで、時間のロスを減らすことができます。

次に、**問われているのは同等関係なのか、対比関係なのか、因果関係なのか**、という観点です。同等関係であれば「つまり／たとえば」などの前後、対比関係であれば「一方／それに対して」などの前後、因果関係であれば「だから／なぜなら」などの前後を探すのです。三つの判別方法や考え方は本章（１４６～１６１ページ）で詳述しましたので省きますが、この観点は抜き出し問題でも必須です。

さて、第二の鉄則。これは、ミスを防ぐためのカギとなる手法です。それは、**「最後のひとことを決め、下から数える」**ということです。例題で考えます。

> 沈黙は雄弁である、というのは、おかしな表現である。沈黙と雄弁のように相反する意味を持つ言葉を結び付けた言い方を、パラドックスと呼ぶ。
>
> **【問い】**「パラドックス」の意味を述べた部分を、二〇字で抜き出しなさい。

次のどちらかが挙がるでしょう。

❶沈黙と雄弁のように相反する意味を持つ言葉（二〇字）
❷相反する意味を持つ言葉を結び付けた言い方（二〇字）

①は誤答、正解は②です。「……言い方を、パラドックスと呼ぶ」とあるわけですから、「ひとこと」で言えば、答えは「言い方」です。これを起点とし、「下から上へ」と数えていけば、難なく正解を導き出せます。

ところが、「最後のひとこと」を決めずに、「なんとなく上から」数えてしまうと、たまたま切りのよいところで字数が止まるため、①の誤答を正解としてしまいます。ワナにはまるわけです。

２２４ページなどでも述べていますが、**「最後のひとこと」にこだわることこそ、文章の読み書きにおける重要な着眼点となります。**抜き出し問題でもこの視点を持てば、自《おの》ずとミスは減っていくのです。

08

「指示語問題」を楽々クリアする鉄則

○ 指示語は単純な変換にすぎない！

指示語（こそあど言葉）の指示内容をたずねる設問も、読解では定番です。

「それ」とは何ですか、「そのこと」とはどんなことですか、といった類の設問です。

まず述べておきたいのは、**この手の設問が「問い」として成立してしまう文章は、そのほとんどが「悪文」**である、ということです。

指示語の内容があいまいで分かりづらいような悪文だからこそ誤答が誘発され、誤答が誘発されるからこそ問いとして成立するわけです。

一方、指示語の内容を容易に絞り込めるような「良文」にもかかわらず、「それ」とは何か、などという設問があるとしたら、今度はその設問自体が「悪問」であるということになります。何しろ、当たり前のことを答えさせるだけの問題なのですから。

このように、指示語問題というのは、あまり歓迎されない類の設問なのです。

では、出題者は何のために、そういう問題をわざわざ出すのでしょうか。

それは多くの場合、**基礎的な「文の変換能力」を試すため**です。幅広くとらえれば、これも「言いかえる力」です。

ただし、多くの指示語問題では、抽象化でも具体化でもないような単純な変換力を問われます。

例題を見てみましょう。

> フライパンに油をぬっておきます。そこに、生卵を割り入れます。それを、しばらくそのままの状態で焼くと、目玉焼きができあがります。
>
> **【問い】**「それ」とは何を指していますか。

答えは、「油をぬったフライパンに割り入れた生卵」です。

意味の上で、抽象的にもなっていませんし、具体的にもなっていません。ただ単に全体を結合しただけです。しかし、多くの子は、このような変換作業が苦手です。

これをスムーズにできるようになるには、コツがあります。

それは、**「まずひとことで言ってみる」**ということです（これは、指示語問題に限らずあらゆる論理的思考に必須の技法です）。

「ひとことで言うと、何を焼くの？　生卵だよね」と、自問自答するわけです。

そして、「どんな生卵？　割り入れた生卵」「どこに割り入れたの？　そこ（＝フライパン）に」「どんなフライパン？　油をぬったフライパン」というように、**下から上へと積み上げながら、文を構成していく**わけです。

生卵
割り入れた生卵
フライパンに割り入れた生卵
油をぬったフライパンに割り入れた生卵

下から上へ

もう一問試してみましょう。

> このお店は、無添加の手作りパンの販売を始めた。それが次々と売れるように

なり、それによってお店は繁盛した。

【問い】「それ」とは、何を指していますか。

売れるようになったこと

パンが次々と売れるようになったこと

無添加の手作りパンが次々と売れるようになったこと

下から上へ

「何」を指しているかと問われたとき、このように「こと」をつけて名詞化する必要が生じる場合がありますので、注意しなければなりません。

なお、この問題では「パン」と答える子がいるかもしれません。その際は、「パン」によって繁盛したのではなく、あくまでも「売れたこと」によって繁盛したのだ、という点を確認します。

今や日本は止めようのない少子化の中にあり、子どもの数は年々減り続けている。しかし、そんな中、中学受験者数は逆に増え続けているという。それが確かなのであれば、塾業界がすたれないのも、うなずける。

【問い】「それ」とは、何を指していますか。三〇字以内でまとめなさい（句読点も一字に数えます）。

今度は字数指定が入りました。削れるところを削る必要があります。

もし、「上から下へ」答えを作ろうとすると、たとえば、「少子化の中で子どもの数が年々減り続けている中、中学受験者数は」まで書いたところで三〇字に達してしまいます。やはり、「下から上へ」の意識が必要なのです。

増え続けているということ

中学受験者数は逆に増え続けているということ

少子化の中で中学受験者数は逆に増え続けているということ

下から上へ

「増え続けているということ。」で一三字使ってしまう。「中学受験者数は」で七字。

これで二〇字。その上に何を書くか。「子どもの数が年々減り続けている」は一五字もあるので、同じ意味である「少子化」だけを残すほうがよいだろう——といったことを、頭の中で概算して組み立てるわけです。

ともあれ、**まず「ひとこと」でとらえ、次に「下から上へ」と積み上げていく**、この手順こそが、指示語問題の鉄則です。しっかり、身につけさせたいものですね。

「選択式問題」で高得点を取る鉄則

○選択肢は「本文の言いかえ」である

まずは例題から。

> 「あかね色」と聞いてどんな色を思い浮かべるかは、人によってかなり違う。「少し暗い感じの赤色」「夕暮れ時の空の色」等々、人によってイメージは異なる。つまり、「あかね色」という表現と、それが指し示している色のイメージとの間には、必然的なつながりはないのである。
>
> 極端な話、言葉を覚えたての小さな子に、夕焼けの絵を見せながら、「これはね、青っていう色なんだよ」と教えれば、その子は実際の夕焼けを見ながら「青くてきれいだね」という表現をするようになるはずだ。

【問い】筆者の主張として最もふさわしいものを、一つ選びなさい。

ア　言葉と、それに似た他の言葉との間には、必然的なつながりはないということ。

イ　言葉と、その言葉が意味する内容との間には、絶対的な関係はないということ。

ウ　言葉は、小さな子どものうちからしっかり教えなければならないということ。

エ　言葉を子どもに教える時には子どもなりのイメージを尊重すべきだということ。

「うちの子は、残り二つというところまでは絞り込めるんですが、あと一つというところでミスをするんです」――多くの親御さんから、こういう声を聞きます。

この問題でも同様です。ウとエは、多くの子が消去できます。この文章は「言葉を教える」ことが主題ではなく、「言葉そのもの」が主題の文章ですから、ウとエは間違いです。そもそも、ウもエも、文章中に書かれていない〝主張〟です。

ここまでは、多くの子が気づきます。ところが、アとイはかなりまぎらわしく、ミスを誘発する選択肢です。このとき多くの子が犯してしまうミスは、**「選択肢同士をくらべて」選んでしまう**ということです。

読解問題では通常、その答えの根拠は文章中にあります。ですから、選択肢同士をくらべるのではなく、**「選択肢と本文とをくらべて」選ぶ**べきなのです。

これはある意味で当たり前のことですが、目の前に正解をぶらさげられていると、どうしても短絡的にどちらかを選びたくなってしまうのです。

さて、ここで問われているのは「主張」です。

主張は、常に抽象的です。具体例がなく（少なく）、まとまった内容が書かれている部分を探せば、そこに自《おの》ずと主張が見つかります。

ここでは、「つまり、〜のである」という二文目がそれに当たります。この文と、選択肢ア、イをくらべればよいわけです。

このとき不可欠になる技法、それは、**「パーツで言いかえる」**ということです。文のパーツごとに、選択肢と本文との一致度合いを確かめていくのです。

「つまり」の文は、次の①〜③の三つのパーツに分けられます。

❶「あかね色」という表現と

❷それが指し示している色のイメージとの間には
❸必然的なつながりはない

	❶	❷	❸
ア	言葉と	それに似た他の言葉との間には	必然的なつながりはない
イ	言葉と	その言葉が意味する内容との間には	絶対的な関係はない

ア・イとも、①・③に該当する部分は本文と同内容です（「必然的なつながり」と「絶対的な関係」はほぼ同義）。異なるのは②に該当する部分です。

②の「それが指し示している色のイメージ」の「言いかえ」になっているのは、アの「それに似た他の言葉」でしょうか、イの「その言葉が意味する内容」でしょうか。

ここまで細かく分割してくらべれば、イが答えだということに気づきますね。

今回の例は主張を問う問題でしたが、理由問題であれ、相違点を問う対比問題であれ、結局は本文に書かれている内容を根拠にして選択肢を作っているのです。

「選択肢は本文の言いかえである」。これを肝に銘じ、パーツに区切ってチェックする習慣さえつければ、選択式問題の正解率はグンと上がることでしょう。

10 「記述式問題」が得意になる鉄則

○答えを書き始める前にココをチェック！

記述式問題全般に適用できる「解き方」なんてあるのか、と思うかもしれません。

たしかに、数字を入力すれば瞬時に答えが出てくる計算機のような鮮やかな手法はありません。しかし、五〇～一〇〇字といった字数で答える記述問題を前にして、途方に暮れずに済むだけの方法はあります。

さて、まずは例題から。

> テレビとラジオ、あなたがいつも触れているのはどちらだろうか。ほとんどの人はテレビと答えるだろうが、ラジオにも実は優れた点がある。
> たとえば、ラジオは、音声しか受け取れない分、「話している人がどんな人な

> のか」とか、「中継している場所はどんな所なのか」などとイメージを広げられるという面白さが加わる。
> つまり、ラジオとは、想像する楽しみを与えてくれるものなのである。
> それに対して、テレビは、リアルな映像を受け取れる分、そういった楽しみはほとんど得られない。
> だから、ぜひ、テレビよりもラジオに触れてみてほしい。きっと、新たな楽しみを発見できるだろう。
>
> **【問い】**筆者の主張する「ラジオとテレビの違い」を、七〇字以内で説明しなさい。

「違い」と問われたら「対比」で答える。これが鉄則です。

この場合、解答は次のようになります。

「ラジオは、音声しか受け取れない分、想像する楽しみを得られるが、テレビは、リアルな映像を受け取れる分、想像する楽しみはほとんど得られない。（六八字）」

151ページの問題のように、答え方（対比の型）をあらかじめ指示してくれている親切な設問も見かけますが、通常、そのようなヒントは書かれていません。

「違い」という言葉を見ただけで、「あ、対比だ」と気づかなくてはなりません。

そして同時に、次のような型を想起するのです。

「ラジオは……だが、テレビは……である」

答えを書き始める〈前〉に、こういった型をまずはイメージします。

そして、そこに文章内容を当てはめていくわけです。

要するに、**記述式問題の解き方の鉄則とは、「まず型を想起すること」**なのです。

そこで、146ページでも述べた「三つの設問パターン」と、それに対応する「答え方の型」の代表例を挙げておきます。

---

❶「どういうことですか」（「言いかえる」問題）（同等関係　A＝B＝C）

［A］とは、［B］であり、［C］であるということ。

例：疑うということは、信じるための入り口であり、大切な行為であるということ。

❷「どう違うのですか」（「くらべる」問題）（対比関係　A↔B）

［　］は、［　］という点では［A］だが、［　］という点では［B］である。

例：メールは、対面で伝えにくい言葉を届けられるという点では便利だが、すぐに返事が来ることを期待できないという点では不便である。

❸「なぜですか」（「たどる」問題）（因果関係　A→B）

［　　］は、［A］であり、それによって、［B］だから。

例：読書は自分の無知を知るためのきっかけであり、それによって、また読書をしたいという思いにかられるから。

とにかく大切なのは、「七〇字で答えよ」などという指示に臆《おく》することなく、**まずは全体像をつかむ**ことです。

七〇字と言えば多く感じるかもしれませんが、せいぜい三つ、四つ程度の「パーツ」からなる短文にすぎないのです。

まずは、右に挙げたような型で短文を書く練習を積むことが大切です。第1章でも述べたとおり、読解の基盤は書くことにあります。ぜひ実践させてみてください。

Column

2B？　B？　HB？ それとも、シャーペン？

料理人が包丁にこだわり、野球選手がバットにこだわるように、子どもたちは筆記用具にこだわらなければなりません。子どもの本業は勉強です（遊びも本業ですが、この際おきます）。

小学一・二年生は2Bの鉛筆、三・四年生はBの鉛筆、五・六年生はHBの鉛筆が適しています。徐々に硬い芯になり、筆画は細くなります。これまで一〇〇〇人近くの子どもを見てきた経験上、これはかなり妥当な選択です。筆圧が弱くなければ三年生以上はシャーペンでもかまいませんが、芯の選択は一段階上げます。三・四年生は2Bの芯、五・六年生はBの芯にします。

文字を書くことにまだ不慣れな一・二年生のうちは、シャーペンは避けます。鉛筆のほうが手指の動きを紙の上に直接伝えやすく、整った字を書けるのです。

さあ、さっそく筆箱チェックを！

第4章

子どもの「読み解く力」を伸ばす10の習慣

01

教科書を使って行う「読み」の体力測定

○長文読解に立ち向かう前に

入試読解問題には、とにかく長文が目立ちます。

二〇〇〇~四〇〇〇字ほどの文章を、一〇ほどの設問を解きながら精読するために与えられる時間は、およそ二〇分。

当然、初見で読む文章です。

私は常々、これを「異常」だと訴えています。

大人でさえ難しいスピードです。

しかも、説明的文章ともなれば内容の難易度はかなり高くなっています。いや、文学的文章であっても、時間の流れや人物の言動が複雑に描かれているものも多く、かなり苦労します。

こういう出題形式が無謀であることは間違いありません。

とはいえ、子どもたちは、それに立ち向かわざるを得ないのが現状です。

立ち向かうためには、まず、「基礎体力」を診断しておく必要があります。

「書き」については、96ページで述べました。

ここでは、「読み」についてです。

読みの基礎体力、それは音読力です。

○この文をすらすら読めますか？

先に述べたようなスピードで文章を読むには黙読力が必要ですが、**黙読の前提となるのは、音読力です。**

音読がすらすらできる子は、黙読も速いのです。

では、〝すらすら〟とはどのようなレベルを言うのでしょうか。

たとえば次の文を、事前に黙読する暇を与えずに、いきなり音読させてみてください（読めそうにない漢字の読みだけは教えておいても可）。


「パソコン」がもともとパーソナル・コンピューター、つまり個人のコンピューターという意味を持つ言葉であることや、「コンビニ」がもともとコンビニエンス・ストア、つまり便利な店という意味を持つ言葉であることを知らない人がいるように、略語のほうがすっかり生活に定着したために本来の意味が忘れ去られていく傾向にある言葉は、けっこうたくさんあります。

この文を、初見でよどみなくすらすらと音読できたら、かなりの音読力を持っていると言えるでしょう。途中で読み間違えたり、止まって読み直したり、あるいは過剰に間が空いたりしても許される回数は、学年別にみると次のようになります。

三年生……七回　四年生……六回　五年生……五回　六年生……四回

あくまで目安ではありますが、つまずく回数がこれらと同じかそれ以下なら、学年相応の〝合格レベル〟であると言えます。

○教科書を使えばすぐに「音読力」をチェックできる

基礎力診断の格好の材料は、学校で使っている国語の教科書です。

ある程度の難易度で、かつ読みごたえのある長さの一～二文を指定し、音読させてみましょう。

まだ習っていない文を選ぶ場合と、既に習った文を選ぶ場合とでは、つまずいてもよい回数に差をつけます。お子さんの実態に合わせて、目標を調整してください（既習の文であれば、原則として、一度もつまずかずに音読できるのが理想です）。

すらすら音読できる子は、文章の内容もかなりの割合で頭に入っています。逆に、つまずきながら読む子は、書かれている内容への理解も浅くなっています。そこで、**教科書の未習の文章を一ページほど音読させ、何が書いてあったかを説明するように指示する**のも、ひとつの音読力診断になると言えるでしょう。

これらの結果、お子さんのおよその実力が分かったら、それをスタートラインにして、無理のないレベルでの学習を進めていくことをお勧めします。

02

「関係を整理する」ことを常に意識させる

○受験で必要な「読み解く」とは何か

「読解」という言葉について、少し考えてみましょう。

読解とは読み解くことですが、「解く」というのは、どういうことでしょうか。

本来は「バラバラにする」という意味ですが、「読解」においては、**ただ単に「バラバラにする」のではなく、それを「組み直す」という意味までを含みます。**つまり、文や文章をパーツに分け、それを再構成すること。それが「読解」なのです。

再構成とは、言いかえれば、「関係を整理すること」です。

なぜそう言えるのかについては、本書をここまでお読みくださったあなたであれば、すぐお分かりになるはずです。

「この文とこの文は、同じことを言っている（同等関係）。まとめると、こういう意味になるだろう」

「この段落は、前の段落で述べていることの具体例だ（同等関係）」

「この段落とこの段落は、くらべながら書かれている（対比関係）。前半は否定され、後半は肯定されている。だから、筆者の主張は後半だろう」

「この部分のエピソードは、臆病《おくびょう》な主人公が勇気を持つに至るきっかけとして描かれている。この出来事の前と後は、対比的に描かれている（対比関係）」

「この段落は、前の段落に書かれた内容の理由になっている（因果関係）」

こんなふうに、**文章の部分部分の関係を整理し、組み直していくこと。**これこそが読解です。「読解力をつける」ということは、すなわち、「関係を整理する力」をつけるということなのです。

このことを、**折に触れて子どもにしつこく伝えていく**こと。

子どもが、**自分からその言葉を発するくらいまで、意識化していく**こと。

これが大切です。

○「＋、－、×、÷」と同じととらえよ

関係を整理すると言っても一筋縄ではいかない、といった声も聞こえます。しかし、

視点を少し変えるだけで、「関係」は、意外なほど簡単に浮かび上がってきます。

それは、**「変化しない言葉」にいつも目を向けるようにする**、ということです。

その代表格は、接続語です。たとえば、次の二つの文章をくらべてみてください。

> ❶プールはせまくて不自由だ。しかし、海は広くて自由だ。だから、海に行きたい。
> ❷悲観主義者は感情的だ。しかし、楽観主義者は理性的だ。だから、楽観的なほうが結局は成功する可能性が高い。

①は、小学一年生でも分かるような内容です。一方、②は、高校生でも難しいような内容です。①と②では、「内容」が大きく異なります。
しかし、「形式」はどうでしょうか。

お気づきのとおり、①も②も全く共通した形式で書かれています。

「A。しかし、B。だから、C」という形式です。

AとBを対比的に描き、それを根拠としてCという結論を導き出しているという点では、全く同じです。

子どもたちは、②のように一見難しく感じられる説明文などで大変苦労しています。

「内容」の難しさによって、「形式」への視点を奪われてしまうのです。

しかし、変化しない「形式」、とりわけ**「接続語」に注目する**習慣さえ身についていれば、文章の全体像を、かなり明確にとらえることができます。「内容」が難しく、理解が及ばないとしても、筆者の主張はどこに書いてあるのか、要するに何を言いたい文章なのか、といったことが、自然に見えてくるわけです。

接続語は、たとえるならば、四則計算の記号（+、−、×、÷）のようなものです。どんなに難しい数式の中にあっても、これらの「形式」は変化せず、いつも数と数との「関係」を教えてくれます。

変化しない、関係を示す言葉に目を向ける習慣をつけること。

これこそ、読解力を高めるための必須条件なのです。

03

とにかく「接続語」にマークさせる

○反射的にマルをつけさせる

前節で、接続語に注目することの重要性を述べました。

しかし、「注目しなさい」と子どもに指示しても、子どもは戸惑うばかりです。

子どもへの指示というものは、「具体的な操作活動」を伴わないと役に立ちません。

そこで、「マルで囲みなさい」「四角で囲みなさい」などと、マークさせるための**具体的な指示を出す**ことが大切になります。

読解におけるマークの仕方については、既に様々な本が出版されています。直線、波線、二重線、マル、四角、三角、矢印等々、様々なマークを駆使する方法を主張する本もあります。いずれにせよ一定の効果は得られるでしょう。

ただ、そこまで複雑な手法を使いこなせる子どもというのは、実は少数です。

私は、指導の場において、マークに関しては二つのことしか指示しません。
一つは、**定義**（80ページなどを参照）**を「四角」で囲む**こと。
もう一つは、**接続語に「マル」をつける**こと。
ここでは、後者について述べます。
マークすべきは、たとえば次のような接続語です。

❶「言いかえる」接続語
たとえば・つまり・このように・要するに・いわば・すなわち・言いかえれば、等

❷「くらべる」接続語
しかし・だが（が）・一方・それに対して・ではなく・むしろ・にもかかわらず、等

❸「たどる」接続語
だから・なぜなら・から・ため・ので・ゆえに・したがって・のだ・のである、等

いわゆる「接続詞」は多くが文頭につきますが、**「ではなく」など文の途中にくる言葉や、「のだ・のである」など文末にくる言葉も、同様に「関係」を示す言葉**ですから、私はそれらをひとくくりにして「接続語」と呼んでいます（文中・文末の語句については次節で述べます）。

これらの語を見つけたら、とにかく無条件にマルで囲ませます。

時には文脈上あまり重要な働きをしていないケースもありますが、それでも慣れるまではすべてマークするよう指示します（ケース・バイ・ケースの判断は、十分に慣れてからにすべきです）。

○何のためにマークするのか？

「しかし」など逆接的な働きを持つ言葉を「三角」で囲むように指示する先生がよくいますが、あまりお勧めできません。

三角というのは、目立たないからです。

また、マークの仕方として、「なるべく薄くマークしなさい」と書いている本もありますが、これもナンセンスです。

そもそも、マークというのは何のためにするのでしょうか。

〔 マーキングで「関係」を目立たせる 〕

テレビとラジオ、あなたがいつも触れているのはどちらだろうか。ほとんどの人はテレビと答えるだろうが、ラジオにも実は優れた点がある。

たとえば、ラジオは、音声しか受け取れない分、「話している人がどんな人なのか」とか、「中継している場所はどんな所なのか」などとイメージを広げられるという面白さが加わる。

つまり、ラジオとは、想像する楽しみを与えてくれるものなのである。

それに対して、テレビは、リアルな映像を受け取れる分、そういった楽しみはほとんど得られない。

だから、ぜひ、テレビよりもラジオに触れてみてほしい。きっと、新たな楽しみを発見できるだろう。

接続語は ◯ 、定義は □ で囲む。

答えは簡単、**「目立たせるため」**です。

目立たせるということは、**重要語句の存在を子ども自身がいつでも「意識」できる状態にする**ということです。

かつ、一読したらもう読み返す暇もないような短い試験時間の中で、できるだけ素早く重要語句をおさえそれを根拠にして答えを作っていくという、その効率性を確保するためにも、マークは不可欠になります。

語句と語句、文と文、文章と文章との「関係」を浮き彫りにし、かつ、読み解くための時間を大幅に短縮してくれる、接続語へのマーク。とにもかくにもこれを習慣づけることが、読解力向上、ひいては得点力向上のための第一歩なのです。

04

「隠れた接続語」にマークさせる

文中・文末の接続語にはヒントがいっぱい！

いわゆる接続詞は、主に文頭につきます。それらをマークして注意を向けながら読む習慣は、ある程度練習を積めば、早期に身につけることができます。文頭の言葉は、目立つからです。一方、**なかなか身につかないのは、文中あるいは文末の接続語へのマーク**です。これらは目立たないため、忘れがちになります。

文中・文末の接続語として、私は次のような言葉をマークするよう指導しています。

「という・といった」「などの・などといった」「ではなく・ではない」
「のだ・のである・のです」「わけだ・わけである・わけです」

それぞれがどのような働きをするのか、確認しておきましょう。


【という・といった】

「少子化という問題」「いじめやケンカといったトラブル」

【などの・などといった】

「地震、津波、台風などの天災」「憎しみ、ねたみなどといったマイナス感情」


これらの言葉は、抽象化の働きを持ちます。「ＡというＢ」のとき、通常、ＢはＡよりも抽象的になります。読解問題の大半の設問では、抽象的な主張やテーマが問われますから、これらの言葉は、解答を導き出す一助となります。

もちろん、逆にＡに注目すれば、具体化のヒントにもなります。


【ではなく・ではない】

「今必要なのは、慎重さではなく実行力だ」「状況を変えられるのは、他の誰でもない。自分自身だ」

これらの言葉は、対比の働きを持ちます。
「AではなくB」のとき、AとBは対比関係になることが多くなります。特に、Aを否定してBを肯定している文章が目立ちます。これらの言葉にマークすることで、筆者の主張が浮き彫りになってきます。

【のだ・のである・のです】
【わけだ・わけである・わけです】
「リーダーのひとことで、皆の混乱が収まった。鶴の一声というわけだ」……❶
「都会の夜空に星がたくさん見えた。停電で、街中が暗くなったのである」……❷

これらの言葉は、前の文と後の文との間になんらかの関係があることを強調します。とりわけ、同等関係（抽象化）と因果関係です。
①では、後の文が前の文を端的にまとめています（抽象化）。
②では、後の文が前の文の理由になっています（因果関係）。
試しに、②の文の「のである」を隠して音読してみてください。前後の文の関係が薄く感じられるようになります。「のである」というひとことが、関係を示すための

大切な働きをしているということに気づけるはずです。

○段落末の文に注目！

ところで、この「のだ・わけだ」系は、必要以上に多用されている場合があります。そのような文章を読むとき、いちいちマルをつけるのは大変ですし、マークしたとしても、すべてが読解に役立つわけではありません。

その際は、**「段落末」にある「のだ・のである・のです」「わけだ・わけである・わけです」に限定してマークする**ことをお勧めします。段落末には、通常、重要度の高い文が書かれていることが多いためです。

なお、**「の」がない場合（「だ・である・です」だけの場合）、マークしても役には立ちません。**ときどき勘違いしてしまう子がいるので、注意が必要です。

マークすべき「隠れた接続語」としては、他にも「から・ため・ので」などが挙げられます。これらも当然マークすべきですが、これらは「理由」を示す言葉としてかなりメジャーな位置にありますから、説明は省略することにします。

「隠れた接続語」へのマーク。ぜひ、習慣づけていくようにしましょう。

05 設問文を「読解」させる

○「読解」にも二種類ある

いわゆる読解問題は、二種類の文章で構成されています。

一つは、題材となる文章そのもの。

「次の文章を読み、後の問いに答えなさい」というときの、「文章」。

もう一つは、設問文。

問一、問二、……と続く、問題そのもの。

読解と言うと題材文を読み解くことばかりがイメージされますが、実は、**より慎重に読み解かなければならないのは、設問文のほう**なのです。

どんなに題材文を深く理解できていようと、設問の要求に正対した答えを書かない限り、得点にはなりません。

ただし、私がここで述べることは、「二つ選べ」とあるのに「一つ」にしてしまったり、「句読点を含む」とあるのに含めなかったり、「間違っているものを選べ」とあるのに「正しいもの」を選んでしまったり……といった初歩的なミスをカバーする方法について、ではありません。

私が述べるのは、たとえば次の二つの設問の違いを読み解けるかどうか、という点についてです（１８０ページの例題の文章を題材にした設問です）。

> ❶「ラジオに触れてみてほしい」と筆者が述べている理由を答えなさい。
>
> ❷「テレビよりもラジオに触れてみてほしい」と筆者が述べている理由を答えなさい。

この二つ、**似て非なる設問**です。解答は、それぞれ次のようになります。

> ❶「ラジオは、想像する楽しみを与えてくれるものだから」
>
> ❷「ラジオは、テレビとは異なり、想像する楽しみを与えてくれるものだから」

何が違うのか、もうお分かりですね。

設問①は、ラジオについての言及しか求めていません。ですから、解答の中でテレビについて言及してはいけません。

一方、設問②は、ラジオのみならずテレビについての言及も求めています。ですから、解答の中でも必ずテレビに言及しなければなりません。

この違いに気づくためには、**「AよりもB」「AではなくB」といった対比の型を用いて読む技術を設問文に対しても発揮する**習慣を、身につけておく必要があります（「よりも」「ではなく」が対比にならないケースもありますが、多くは対比的に使われます）。

そういった習慣をつけるためにできること、それはやはり、マークすることに尽きます。

「よりも」「ではなく」といった言葉を見つけたら、**題材文であろうと設問文であろうと、とにかくマルで囲む**のです。

マルで囲むという「具体的操作」が、子どもに条件反射を呼び起こします。たとえば、「ではなく」にマルをした瞬間、「対比だぞ」という声がどこからともなく反射的に聞こえるようになるわけです。

○ 長い設問文も論理的に読めば単純明快！

こういった設問もあります（題材文はなし、架空の設問）。

「――⑦の結果、『ぼく』はケンジに心を開くようになりました。そのような心情変化を呼び起こすきっかけとなったことがらを短く述べた部分を、八字で抜き出しなさい」

なにやら複雑に思えますが、実は単純です。「――⑦の結果、心情が変化した」わけですから、これは次のように変換できます。

「心情変化の原因は、――⑦である」と（「Aの結果Bになった」のなら、「Bの原因はA」ですね）。

この設問は心情変化のきっかけ、すなわち原因を問うています。となると、求められているのは――⑦の内容そのものということになります。

しかし、もちろん、それをそのまま書いてもダメでしょう。どこかに、言いかえた部分があるはずです。

要するに、**一見複雑に思えた設問も、「――⑦の言いかえ」を抜き出す設問にすぎなかった**わけです。

設問を論理的に読み解くことの有効性。お分かりいただけたことでしょう。

06

「何を問われているのか」を理解させる

設問「何の例ですか」を攻略するコツ

前節では、設問に隠された「対比関係」及び「因果関係」について、例を挙げました。ここでは、「同等関係」の例を挙げておきます。まずは例題から。

> 体験して初めて実感できることがある。
> たとえば、眼下に広がる大パノラマ夜景の美しさ。どんなに優れた映像機器を用いても、再現できる広がりには限界がある。実体験には及ばない。
> あるいは、鬼気迫る火災現場の緊迫感。これも同様で、煙の臭いや熱までは再現できない。
> 映像に限らず、写真、文章、いずれにしても、実体験を超えることはできない。

【問い】「夜景の美しさ」や「火災現場の緊迫感」は、何の例ですか。

答えは、「体験して初めて実感できること」となります。

この**「何の例ですか」という設問文の意味を理解できない子がいます。**そういう子には、より平易な例を示してあげましょう。

「果物。たとえば、みかん、バナナ、ぶどう。……みかんは**何の例？**」
「え？　そんなの簡単。果物の例」
「そうだね。じゃあ、バナナは**何の例？**」
「それも果物の例」
「その通り」

このくらいのやりとりをした後ならば、「何の例ですか」という問いの意味を、おおかた理解することができるはずです。

なお、**「何をたとえていますか」「どんなことの例ですか」**など、同様の設問パターンはいくつかあります。

これらはいずれも、次のような同等関係を整理させようとする設問です。

A・B・C	抽象化 ⇐ ⇒ 具体化	D
みかん・バナナ・ぶどう	抽象化 ⇐ ⇒ 具体化	果物

「A・B・Cは、何の例？」「Dの例」

「みかん・バナナ・ぶどうは、何の例？」「果物の例」

……と、いうわけです。

「何の例？」という設問は、ひとことで言えば「抽象化問題」です。ですから、**文章中の「たとえば」の前や「つまり」の後に注目すれば、答えを見つけられる**可能性が高くなります。

○「具体的に」が分かれ道

同等関係を問う設問としては、次の二つが最頻出です（①は146ページ参照）。

❶「どういうことですか」
❷「どういうことですか。具体的に説明しなさい」

②のように「具体的に」と言われたら、とことん具体化する必要があります。文章中の具体例を探し、それを利用して答えます。逆に、①の場合は、その多くが抽象化問題です。

「具体的に説明しなさい」という指示があるのなら、「抽象的に説明しなさい」という指示があってもよさそうなものですが、そのような指示はまず出てきません。**読解問題の設問の多くは抽象化問題**であり、その都度「抽象的に」といった指示がなされることは少ないわけです。

ここまで述べたように、設問文も読解してこその「読解問題」です。このことをお子さんに伝え続け、〝設問読解〟を習慣化していくようにしましょう。

07

「文末表現」への意識を高めさせる

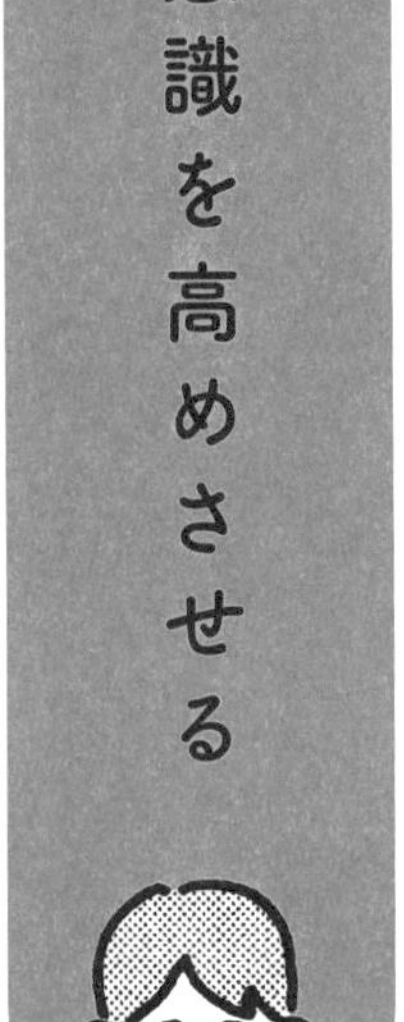

○「こと」なのか、「から」なのか

子どもたちが読解問題で減点されてしまう理由の〝定番〟。それは、文末表現を間違えることです。

> 「なぜ」と問われたら「〜から」で終える。
> 「何」と問われたら、名詞で終える。
> 「どんなこと」と問われたら「〜こと」で終える（または代わりになる名詞で終える）。
> 「どのような意味」と問われたら「〜意味」で終える。

これらは当然のことであり、ことさら取り上げるほどの内容ではありません。算数の文章題で、答えに「単位」がついていないと減点されるのと同様、常識的な注意点です。

そんな当たり前のことであるにもかかわらず、子どもたちのミスは目立ちます。文末表現をなおざりにしてしまう子は、実に多いのです。

予防策としてまずできることは、ここでもやはり「マークする」ということです。**設問文に、「どういうことですか」とあれば、すかさず「どういうこと」をマルで囲ませます。**この時点で、大半の子は文末表現を意識できます。「あ、『こと』で終わらなきゃいけないぞ」と、気づきます。

しかし、それでも間違える子は残ります。

「こと」で終わるべき設問で、「から」と書いてしまう子すらいます。長い記述答案を、消しては書き、消しては書き……としているうちに、文末への意識など、どこかへ消えていってしまうのです。

そういう子には何が足りないのでしょうか。それは、「確認する」「読み直してみる」といった、これまた常識的な習慣です。

○淡々と粘り強く働きかける

「書いたら読み直す」ということ。これは、「書く」という作業の鉄則であり、読解問題の答案を書く際にも当然当てはまります。

記述答案を書き終えたら、念のため二つのチェックをさせます。

❶設問チェック：設問が要求している文末は「こと」なのか「から」なのか。

❷答案チェック：設問の要求に合った文末になっているか、読み直してみる。

たったこれだけのことで、ミスは減ります。

電車の座席を立つときに、振り返って自分の座っていた席に忘れ物がないかどうか確認することができる子は、こういうこともしっかりできるでしょう。

こういったことが苦手な子に対しては、とにかく淡々と、声をかけ続けるしかありません。感情的にならずに、淡々と、注意を促し続けましょう。

時折、次のような答案も見かけます。

「最後の最後で失敗してしまい、くちびるをかみしめていました」（誤答）

これ、本当は次のように答えるべきところでした。

「最後の最後で失敗してしまい、くちびるをかみしめていた様子」（正答）

設問は、「どんな様子に、悔しさが表れていますか」。

どんな様子、と問われたら、「〜様子」と終わらなければなりません。

右の誤答は内容的にはほとんど正解なのですが、本文の該当箇所をただ書き写しただけであり、答え方が問いに正対していないため、おそらく○点になるでしょう。

こういったミスをなくすためには、**ミスのたびに設問文と解答（正答）文の双方を音読させる**のも手です。まずはあなたが音読し、それをリピートさせてもよいでしょう。そのときは、「様子」などの部分だけ声を大きくし、強調します。

たったこれだけのことが、子どもの「意識」を高めます。

子ども自《みずか》らが意識してミスを減らせるよう、粘り強く、小さな一手を積み重ねていくようにしましょう。

08

「箇条化」を数多く経験させる

○要点を箇条書きにすることの効用

「原因は三つあります。第一に、……」

「方法は二通りあります。まず、……」

このように、ポイントがいくつあるのかを先に挙げ、その具体的内容を後から説明していくという方法の重要性は、今さら説くまでもないのではないかと思います。

いわゆる「話のうまい人」は皆、このような技術をさりげなく使っています。

もちろん、このような話し方を小学生がすぐできるようになるとも思えませんし、日常的にはあまり活用の場がないかもしれません。

しかし、〝箇条化〟の練習になるという点では、価値があります。

自分から話す（発信する）場面での実践が難しければ、他人の話を聞く（受信する）

場面において実践すればよいわけです。

話を聞きながら、あるいは聞いた後で、**この話の要点は結局いくつあったのか、そしてそれぞれがどんな内容だったのかということを整理してみる**ことは、間違いなく有益です。

それが、とりもなおさず、文章を「読む」場面においても効力を発揮します。

さて、具体的に見てみましょう。

> かわいいキャラクターを描くために大切なことは、まず、ちょっとつぶれた丸顔にすることです。次に、両方の目の位置を少し離すことです。また、はっきりとした口を描かないことも、大切です。はっきりした口を描いてしまうと、表情が決まってしまい、あまり親しみがわきません。

この文章を用いて、次のような手順で実践してみてください。

> ❶「これから短い文章を二回読むから、大事な点だけを紙にメモしてみて。メモをするときは、箇条書きで書くんだよ。箇条書きっていうのは、黒ポチで要点

だけをメモしていく方法だよ（などと簡単に説明しておく）」

❷二回読んで聞かせる。一回目は普通の速さで、二回目は少しゆっくり。子どもは聞きながらメモしてもかまわないが、後からメモする形でもかまわない。

❸正しく箇条書きできたか、メモをチェックする。

たとえば、次のような箇条書きになっていれば合格です。

〈かわいいキャラクターを描くためのポイント〉

・ちょっとつぶれた丸顔
・両目を少し離す
・はっきりした口を描かない

例文の最後の一文は、「はっきりした口を描かないほうがよい理由」になっています。この「理由」は、一箇条として独立させず省略するか、または（表情が決まってしまい、親しみがわかないため）のようにカッコつきでメモする程度でよいでしょう。

あくまでも、**ポイントを三つ並べた文章であるという点に気づく**ことができていれば、合格です。

もうひとつ、練習しておきましょう。

> 風邪を引かないようにするために気をつけたいことがあります。まず、ちゃんと栄養のあるものを食べたり飲んだりすること。次に、よく寝て体を回復させること。こうしたことは、免疫を高めるために不可欠です。また、よく手を洗ってウイルスが体内に入るのを防ぐことも、もちろん大切です。

今回は、抽象度も意識して次のように整理できれば、なおよいと言えます。

> 〈風邪を引かないようにするためのポイント〉
> ・免疫を高めること……栄養をとること、よく寝ること
> ・ウイルスを防ぐこと……手を洗うこと

単純に、「栄養をとること」「よく寝ること」「手を洗うこと」という三つを並列しても間違いとまでは言えません。しかし、「免疫を高めること」は内側の対策であり、「ウ

イルスを防ぐこと」は外側の対策である、といった抽象化ができるならば、それを踏まえた分類をしたいところでしょう。

○「ならべる力」も受験で使える！

「箇条化力」とは、「並列関係」を整理する力、いわば「ならべる力」です。これは、「論理的思考力」と呼ぶにはやや不向きであるため、「三つの力」の中には含めていません。

ただし、具体例を数え上げて整理するような作業は、「読み」でも「書き」でも当然求められてきますから、このような練習を重ねることは有意義です。

「受信」における練習としては、先の例文の類をあなたが自作してもよいですし、テレビニュースなどを聴きながら内容を箇条書きで整理させてもよいでしょう。

「発信」における練習としては、**「今日の悔しかった出来事トップ・スリーを挙げてごらん」**などと声かけするだけでも価値があります。

ぜひ、試してみてください。

09

「最後のひとこと」に目がいくかで勝負は決まる

○読解のカギは「最後のひとこと」にある

日本語においては、**文の意味を支える重要な語句は多くの場合「文末（述部）」にきます。**これは、読解問題において記述解答を作っていく際、あるいは選択肢を絞り込む際、最も気を配るべき点です。

「最後のひとこと」こそが、読解のカギとなるのです。このあたりについては、168ページ、171ページなどでも述べましたので、ご参照ください。

さて、例文をひとつ見てみましょう。

> 「午前一〇時の入場者数は二〇人だったが、午後二時には一二〇人になった」

この文が「何」を伝えようとしているのか、という問いに、なるべく短く答えてみてください（名詞化してください）。

答えは、「変化」または「入場者数の変化」となります（「変化」の代わりに「増加」としても可）。

重要なのは、あくまでも「変化」という言葉です。

答えを「入場者数」としても、必ずしも間違いではありません。しかし、どこかもの足りなさを感じます。**文の意味の核心をとらえ切れていない**ためです。

一方、「変化」としただけの場合、具体性には欠けますが、少なくともズバリ核心をとらえた「言いかえ」（抽象化）になっていると言えます。

要するに、先の文は、「入場者数」について伝えた文であるというよりは、「変化」について伝えた文だと言えるわけです。

より重要なのは、「最後のひとこと」なのです。

○「色」を利用しよう

では、「最後のひとこと」に注目する視点を子どもに養うには、どのような練習、どのような習慣づけをすればよいのでしょうか。

提案したいのは、「色」を利用する方法です。

この紙上では色を提示できないのですが、たとえば、「薄い黄緑色」を思い浮かべてください。**その色を、「黄」や「緑」という色の呼称を使わずに、子どもに説明させてみましょう。**

実際に、色鉛筆や絵の具、あるいはパソコンを使って、色を目の前に用意してから始めます（折り紙、チラシ、布など、何かの色を見せるだけでも可）。

すると、「芝生の色」「お茶の色」など、いくつか出てくるでしょう。

そのとき、次のように伝えます。

「くわしくしてみようか。どんなお茶の色？」

「味の薄いお茶の色」

「そのお茶は、熱い？　冷たい？　それともぬるい？　それも付け加えて言ってみて」

「ちょっとぬるめの、味の薄いお茶の色」

「なるほど、たしかにそんな色をしてるね」

その言葉を聞いただけで、実際の色が目の前に浮かんでくるような表現になっていれば、合格です。

このやりとりは、次のような手順になっています。

お茶の色
味の薄いお茶の色
ちょっとぬるめの、味の薄いお茶の色

下から上へ

「最後のひとこと」をもとにして、下から上へと積み上げていく。

これが、読解問題の記述解答を作る上でも重要な技法となります。

たとえば、「この部分で筆者は何を伝えようとしているのか」と問われたとき、**「何」に該当する「ひとこと」をまず決める。**そして、上に向かって積み上げていく。

この手順こそ、記述解答作成の鉄則であり、また、日本語で文を作る際の原則でもあるわけです。

色を利用した練習法。ぜひ、日常に取り入れてみましょう。

10

今すぐできる「心情語」を覚えるトレーニング

○「今の気持ちをひとことで言うと？」

158～161ページでは、物語文読解問題で心情を問われた際の考え方・答え方について述べました。

ここでは、その方法を定着させるために今すぐできる練習方法をご紹介します。

それは、**「今の気持ちを言葉にしてみる」**ということです。

まずは、お子さんが明るい表情のときに、声をかけてみましょう。

「今の気持ちをひとことで言うと？」

このとき、**できるだけ名詞で答えさせます。**

「うれしい」ではなく「うれしさ」、「喜ぶ」ではなく「喜び」とするわけです（このあたりの名詞化力については、１０５ページを参照）。

もしお子さんが、「わくわく」「うきうき」などの繰り返し言葉を使った場合、まずは「なるほどね」と受け入れてあげてから、「さらに、他の言葉で言うと？」などと促しましょう。

日常的な口頭コミュニケーションの中で、あえて「書き言葉」を持ち出す練習をするわけですから、「わくわく」「うきうき」で終わらせてはいけません。

また、**読解問題の解答としても、「わくわく」「うきうき」などといった繰り返し言葉を用いるのは、ふさわしくありません。**

楽しさ。うれしさ。喜び。期待。興奮。希望。似たような気持ちを表現するにも、かなり多くの言葉があります。

お子さんが戸惑っているようであれば、遠慮なく例示しましょう。「たとえば、感動とか、期待とか、いろいろあるでしょ」などと。

そうやって「心情語」を引き出したら、次は、**そのきっかけとなった「事実」を問います。**

ここでは、「期待」という言葉をお子さんが答えたものとして進めます。

「じゃあ、どんなことに対しての期待感？」

「うーん。動物園で初めてパンダを見ることに対しての期待感、かな」


こんなふうに答えられたら、しっかりほめてあげましょう。立派な答えです。

そう、これは、先述した「事実＋心情」の型です。

私たちは、日々生活の中で数え切れないほど様々な体験をし、その都度、様々な心情を抱いています。ところが、それを具体的に言葉にしてみるということは、なかなかしていません。

これを意図的に行うことで、物語文読解に必須の「型」を体得することができます。

プラスの心情表現に慣れてきたら、マイナスの心情表現も取り入れていきましょう。

実は、**物語文読解問題で問われる心情の多くは、マイナスの心情です。**

「友達との約束を守れなかったことに対する罪悪感」などといった短文を、いくらでも作ることができるはずです。

子どもが実際にマイナスの気持ちになっているときに、冷静にその心情を言語化させるなんて難しい、とお思いならば、テレビなどを素材にしてもかまいません。

タレントの振る舞い、アニメ・ドラマの登場人物の行動などを見て、そこに表れている心情を言葉にするのです。

こうすれば、素材はいくらでも転がっているということに気づくことでしょう。

さて、ここで、ポピュラーな心情語をリストアップしておくことにします。

日常会話の中で意識的に使い、定着を図るようにしていきましょう。

〈プラスの心情〉

好感　親近感　いとおしさ　やさしさ

安心　落ち着き　なつかしさ　誇らしさ

素直　率直　強気　敬意

信頼　確信　共感　同情

希望　期待　感謝

〈マイナスの心情〉

悲しみ　つらさ　さびしさ　心細さ

不安　心配　動揺　あせり　気がかり

悔しさ　後悔　後ろめたさ　反省
むなしさ　ねたみ　罪悪感　緊張
恥ずかしさ　残念　弱気　不満
不機嫌　いらだち　怒り　不愉快
疑い　不信感　反感　憎しみ
嫌悪感　情けなさ

〈その他の心情〉
驚き　興奮　感動　うらやましさ　不思議

Column

お勧め！『新明解国語辞典』が最高なワケ

国語辞典は、複数冊常備することをお勧めします（250ページ参照）。その中にぜひ入れておいていただきたいのが、『新明解国語辞典』（三省堂）です。

『新解さんの謎』（赤瀬川原平著・文春文庫）といった本が出されるほど、この辞典は風変わりです。辞典というのは通常、文句のつけようのない客観的な定義を書くものですが、この辞典は、一人の「著者」の存在を感じさせるほど主観的な書き方になっています。それでいて的を外していません。「なーるほど」と思わせる語義ばかりです。

実は、客観性を保ちつつ主観的に書くということは、「書き」の理想像でもあり、参考になります。

辞典を引くと言葉の意味がより複雑に感じられることも多い中で、この辞典はかなり「読者」に寄り添った書き方をしており好感が持てます。ぜひチェックを。

第5章

「語彙の豊かな子」の親がしている5つの習慣

01

多様な言葉を使いこなせることの喜びを伝えよう

○ 語彙不足の根本原因とは？

子どもたちに文章を書かせていて、日々痛感することがあります。

それは、子どもたちがいかに言葉を知らないか、ということです。

知りません。あまりにも、知りません。

これだけ言葉を知らないのに、九年、一〇年、一一年といった人生をよく生き抜いてきたな、とすら思うことがあります。

これは、子どもたちを非難しているのではありません。**子どもの語彙不足は、大人に責任があります。**大人、とりわけ親です。

言葉というものは、最も身近なところにいて最も長い時間接する大人、つまり親とのコミュニケーションを通じて獲得されます（少なくとも子どものうちは）。

親の語彙不足が、そのまま子どもの語彙不足を生み、親の言語習慣が、そのまま子どもの言語習慣になっていくのです。

まずは、お母さんお父さんが変わらなければなりません。

それは、難しいことではありません。多様な言葉を使いこなせることの喜びをかみしめ、それをお子さんに伝えてあげればよいのです。

○「言葉が世界をつくる」と心得よ

「自分のミスではないのに、それを自分のせいにされたら、どんな気持ちになる？」

たとえばこの質問に、子どもたちはどう答えるでしょうか。

ほとんどの子が、こう言います――**「いやな気持ち」**。

悔しい、不愉快だ、戸惑う、などといった言葉は、めったに出てきません。

「いい気持ち」と「いやな気持ち」の二種類しか感情を持たない……そういう子が、大勢います。

同じように、「楽しい」ことと「つまらない」ことしか経験していない子もいます。

また、「おいしい」ものと「まずい」ものしか食べたことのない子も大勢います。

「いい気持ち」と「いやな気持ち」しか言葉を持たなければ、実際の感情もまた、そ

の二つだけになっていきます。悔しさも、不愉快さも、戸惑いも、その子の心には存在しなくなります。

「楽しい」と「つまらない」しか言葉を持たなければ、すべての経験は「楽しい」か「つまらない」か、それだけのものになっていきます。充実した経験、不思議な経験、もの足りない経験、といった経験は、一切味わうことができません。

「おいしい」と「まずい」しか言葉を持たなければ、すべての食べ物はその二種類の「味」しかないことになります。濃厚な味も、淡泊な味も、甘ったるい味も、まろやかな味も、すべては存在しなくなります。

言語学者ソシュールが示すように、言葉が世界をつくるのです。世界が言葉をつくるのではありません。

言葉が意味を生むのです。意味が言葉を生むのではありません。

「湯」という言葉があるから、日本人は「湯」を認識できます。一方、英語圏の人々にとって「湯」は存在しません。あるのは、「ホット・ウォーター」（熱い水）だけです。

言葉が「ない」ということは、その対象物も「ない」ということです。

もし「オレンジ色」という言葉がなければ、オレンジ色は存在しなくなります。薄い赤か、濃い黄色しか存在しないことになります。

一方、「山吹色」「橙《だいだい》色」「朱色」という言葉を持てば、それぞれの色が実際に生まれます。そして、その色を他者と共有することが可能になります。

言葉が世界を豊かにするというのは、そういうことです。

言葉を持つ喜びとは、自己の世界を広げ、その世界を他者と共有する喜びです。

このことを、様々な場で、お子さんに伝えてあげてください。

これこそが、語彙力を高めるためのスタートラインなのです。

○「言葉を選択的に使う」姿勢を身につけさせよう

と、ここまでを読んで、次のように感じた人もいるでしょう。

「ああ、分かる分かる。若い子らは、何かにつけて『ヤバい』とか言うよね。プラスのことにもマイナスのことにも、ヤバい、ヤバいって言うよね。ああいうのも、世界を狭めてるんだよなあ」

この手の主張は、間違いではありませんが、**必ずしも正しいとは言えません。**

なぜなら、若者がそうした「あいまいな表現」を多用するのは、仲間意識に端を発していることも多いからです。

「このケーキ、クリームがシルクみたいでなめらかな味わいだよね」

友達とケーキを食べているとき、ある子がこう言ったとします。他の子は、どう反応するでしょうか。

「え？　シルク？　うーん、まあね。そこまでとも思わないけど」

つまり、共感を得にくいわけです。それならば、

「このケーキ、ヤバくない？」

「うん、ヤバい！　これヤバいわ」

といった会話をしたほうが、仲間意識が強まるのではないでしょうか。

これも、先に述べた「世界を他者と共有する喜び」に含まれると言えます。

では、「ヤバい」を全て肯定せよというのか。そうではありません。意味のあいまいな流行語や粗雑な表現は、その存在を知った上で、意図して使えばよい。**言葉というのは、選択的に使うことこそが大切なのです。**

「シルクのようになめらか」と、言おうと思えば言える。でも、あえて言わない。ここは、あえて「ヤバい」を選ぶ。そういう姿勢でさえあれば、それはそれで豊かな語彙力を持っていると言えるわけです。

「ヤバい」のような言葉を、一概に否定しないようにしましょう。

02 たくさんの言葉を効率よく覚えさせる学習法

○「しらみつぶし」では続かない

昨今、ちまたには、子どもの語彙力を高めるための本があふれています。

親子の向学心を刺激するという意味で有益であり、それ自体に問題はありません。

しかし、まゆをひそめたくなるのは、多くの本が「しらみつぶし方式」を採用していることです。

一〇〇〇語、一三〇〇語などといった大量の言葉（と例文）をランダムに並べただけの本が、次々と出版され、売れているのです。

売れているのだから一定の評価をすべきだろう、という考えもあるかもしれません。

しかし、本当にそれらの本が使われ、役立てられているのかというと、疑問が残ります。

私の塾を訪れる親子にたずねてみると、多くの方々が、口をそろえてこんなふうに言います。

「ああ、あの本ね。たしかに買いましたよ。でも、結局三日坊主でした」

そりゃそうですよね、と私はいつも答えます。一〇〇〇語をしらみつぶしに覚えろと言われても、長続きしないのも無理はありません。

もっと**体系的に整理して、効率的に覚えさせる**ようにすべきです。

ただし、この本は語彙力強化を主眼にした本ではないため、ここではその方法の一例を述べるにとどめます。

さて、子どもたちが苦手とする言葉に、**和語**が挙げられます。

漢語は漢字で表されることが多いため、意味を文字から推測することができます。

しかし、和語は、意味を知らないとちんぷんかんぷんになりがちです。

日本にもとからあった言葉でありながら、その意味を知らない子が多いというのは、嘆かわしいことです。そこで、さっそく具体的に見てみましょう。

○「〜やか」を集めてみよう

たとえば、次のような練習がお勧めです。

次の❶〜❺の——部を、「〜やか」のつく語を用いた表現に置きかえなさい。

(例) そのトマトは、とてもくっきりとした赤色をしていました。

解答例……そのトマトは、あざやかな赤色をしていました。

❶朝の教室は、おしゃべりや笑い声がたくさん聞こえてきます。

❷たいしたものじゃないけど、受け取ってください。

❸市民の協力によって、事件はかなり短い時間で解決した。

❹彼は、思いやりのない態度で返事をした。

❺エミは、いろいろなことに気を配れるような性格の子です。

さて、いかがでしょうか。答えは、次のようになります。

❶朝の教室は、にぎやかです。

❷ささやかなものですが、受け取ってください。

❸市民の協力によって、事件はすみやかに解決した。

❹彼は、ひややかに返事をした。
❺エミは、こまやかな子です。

他にも、「やか」などのつく形容動詞はたくさんあります。ぜひ、お子さんと一緒にリストアップしてみてください。そして、短文を作ってみましょう。

このように、**関連する言葉をまとめて扱う**ことによって、子どもの意識は高まります。

学習後に「思い出す」可能性が増え、その分だけ定着の効率も上がるのです。

何の関連もない言葉をランダムに並べて覚えさせるよりも、短時間で大きな効果が期待できます。

03

言葉の「ニュアンス」、どう伝える？

○「あからさまにほめる」？

言葉には、ニュアンスというものがあります。

ニュアンスとは、**言外に含まれる微妙な意味合い**のことです。

子どもに言葉を覚えさせる際には、このニュアンスに配慮しなければなりません。

失敗例をご紹介します。

あるとき私は、「あからさま」という言葉を使った短文を二つ書くよう、生徒に伝えました。

意味を知らないというので、辞書を引かせました。

その後、その子はこんな文を書きました。

「お菓子の包み紙を開けて、中身をあからさまにした」

「先生は、みんなの前で、ぼくをあからさまにほめてくれた」

どちらも、ちょっとおかしな使い方ですね。

辞書にどう書いてあったのかたずねると、「包み隠さず明らかな様子」とのこと。

なるほど、勘違いしてしまうのも無理はない気がします。

もう一歩踏み込んで、ニュアンスを伝えておくべきでした。

「あからさま」という言葉には、マイナスのニュアンスがあります。「あからさまに悪口を言った」などと、悪い状況でしか使いません。ですから、「ほめてくれた」という場面にはふさわしくありません。同時に、人間の言動や心情に無関係の場面では使われない傾向がありますから、お菓子の包み紙という例も、やはり不適切です。

プラスの意味合いで使うのか、マイナスの意味合いで使うのか。幅広くどんなことにも使えるのか、人間の言動・心情に関する場面でしか使われないのか。

こういった微妙な部分も含めて伝えたとき初めて、「言葉を教えた」ということになるのです。

もちろん、あえて伝えずに失敗させ、そこから学ばせるという手法もあり得るでしょう。とはいえ、その場合でもやはり、必要に応じていつでもニュアンスを伝えられるような心構えでいることは大切でしょう。

○「朝食にけりをつける」?

多くの辞書は、当たり障りのない平坦《へいたん》な意味を説明しているだけであり、ニュアンスまでは伝えてくれません。用例を注意深く読めば理解できないこともありませんが、**たったひとつの用例からニュアンスまでを読み取るというのは、子どもにはなかなか難しいことです。**やはり、親・大人による手助けが必要です。

ここで、さらに他の例を挙げておきます。

「けりをつける」という言葉があります。辞書を引くと、「決着をつける」などと書いてあります。そこで、「決着」を引くと、「終わりになること」などと書かれています。

「けりをつける」という言葉の意味を知らない子は、それを見て、「そうか、要するに終わらせることなんだな」と考えます。そして、こんな文を書きます。

「朝食にけりをつけたあと、学校へ出かけました」

子どもはいたってまじめに、こういう文を書きます。でも、つい笑ってしまいますよね。いったい、どんな大変な朝食だったんだろう、と思ってしまいます。

ここで、あなたならどのようにニュアンスを伝えますか。

「けりをつけるっていうのはね、長く続いていてなかなか終わらず大変なことを、もういいかげん終わらせなくちゃ、というようなときに使うんだよ」

これだけでもかまいませんが、次のように具体例を添えてもよいでしょう。

「たとえば、宿題を三時間もやっているから、そろそろけりをつけよう、とか、部屋の大掃除をもう半日もやっていてきりがないから、そろそろけりをつけよう、とか」

ここまで言えばかなり伝わりますが、だめ押しに、**ひとつ似たような例文を作らせて理解度をチェックする**ようにすれば、なおよいでしょう。

語彙力を高めるということは、単に「言葉を知る」ということではありません。**「その言葉のニュアンスまでも理解した上で適切に使える」**ということなのです。

ひとつひとつ、粘り強く伝えていくようにしましょう。

04

音声を文字にさせてみるのも有効！

○「ろうかぼうし」ってどんな帽子？

テレビをつけていると、聞き慣れない言葉が次々と子どもの耳に入っていきます。

子どもは、何気なくそれを受け止め、なんとなくの意味を理解します。

それはそれで自然なことですからかまわないのですが、**ときには確かめる**ことが必要です。本当に理解できているのか、ということを。

たとえば、「老化防止」という言葉が流れてきたとします。

「老化」や「防止」という言葉を知らない子には、これが次のように聞こえます。

「廊下帽子」

笑い話のように思えるかもしれませんが、これが現実です。

もちろん、文脈上疑問が生じるのが普通ではあります。

「老化防止のためにパソコン教室や折り紙教室に通うなどして、意識的に指先を使うようにしています」

などという文脈において、「廊下帽子」では意味が成り立ちません。

しかし、疑問に思ってもそれを口にしない子もいます。

「ねえ、お母さん、今の『ろうかぼうし』って何？」

このように質問できる子ならよいのですが、必ずしもそういう子ばかりではありません。

また、テレビなどでは次々と言葉が流れていってしまうため、質問の機会を逃してしまうということも多々あるはずです。

ですから、ときには親・大人が**意識的に質問を投げかける**ことが大切です。

「ねえ、今の『ろうかぼうし』って、どういう意味か分かる？　漢字で書ける？」

こんなふうに、あなたから積極的にたずねてみるのです。

問い詰めるのではなく、クイズ感覚で質問してみましょう。

言葉なんて、放っておけば勝手に学ぶものでしょ――こういう考えもたしかに一理ありますが、子どもの語彙力不足を日々痛感している私としては、こういった積極的な関わりをお勧めせずにはいられません。

○「たいくのじぎょう」は正しい日本語？

音声と文字が噛《か》み合わないまま見過ごされている例は、まだまだたくさんあります。

多くの子は、「体育」を「たいく」だと思っています。

多くの子は、「授業」を「じぎょう」だと思っています。

「プラスチック」を「プラシチック」だと思っている子もいますし、「シミュレーション」を「シュミレーション」だと思っている子（あるいは大人）もたくさんいます。

先の「廊下帽子（老化防止）」のような同音異義語の例に戻せば、「政治家のお食事券（汚職事件）」や「弁護士が石鹸《せっけん》する（接見する）」などという定番の例が挙げられます。

むろん、子どもが汚職事件や接見の話に触れる場面はあまりないでしょうが、音声を文字化してみることの必要性を感じ取るための例としては有益でしょう。

同様の例は多々あります。

「A国の大統領はB国の大統領を非難する声明を発表した」というニュースが、「避難する生命を発表した」と聞こえているかもしれません。

さらに、関連して、「私立」と「市立」なども伝える価値があります。

これらを、「わたくしりつ」「いちりつ」などと区別して呼ぶことがありますが、なぜそのように呼ぶのかを知らない子も多々いますから、伝えておくとよいでしょう。

ニュースなどでは、聞き間違いを未然に防ぐための手段がとられています。

たとえば、「前社長」とは言わず「前の社長」と言います。これは、「全社長」だと勘違いする人がいるからです。

また、「化学」をあえて「ばけがく」と表現するのも、同様の理由です。

「試案、試みの案」などと、わざわざ言いかえることもあります。そういうときには、チャンスとばかりに漢字で書かせてみるとよいでしょう。

音声情報を念のため文字化させてみる。

これをするのとしないのとでは、語彙力強化にかなりの差が出ることでしょう。

05

分からない言葉を見つけたときのアプローチ

○ すぐに調べる姿を子どもに見せる

本を読んでいて未知の言葉に出くわしたとき、あなたはどうしますか。

❶とにかくすぐに調べる。
❷とりあえずとばし読みしておき、その言葉を理解しないと文章全体の意味も理解できなくなる状態だと分かった時点で、やむなく調べる。
❸ほとんどの場合、調べずに放置する。

③という方はさすがに少ないかもしれません。しかし、②については、「ああ、分かる、それかもしれない」と苦笑した方が多いのではないでしょうか。

「コンプライアンス、コンプライアンスって繰り返し出てくるけど、これ、どういう意味なんだ？」

と、こんなふうに、繰り返し出てきたときに初めて調べるパターンです。

そういう人は、一、二度出てきたくらいでは調べません。そのような姿勢でいる限り、語彙力を高めることは難しくなるでしょう。

①のように**「とにかくすぐに調べる」という姿勢こそ、語彙力、ひいては知識を増やす前提となります。**

そして、そのようなあなたの姿勢が、とりもなおさずお子さんの姿勢となります。

当たり前のことですが、子どもは、大人の姿を見て育ちます。あなたが「すぐに調べる」という姿勢で行動するのを見て、お子さんもそれを真似するようになるのです。

○ 頭のいい子はどこで勉強している？

すぐに調べるという行動を起こすには、準備が必要です。

まず何と言っても、**国語辞典などの辞書類を常備しておく**ことです。

子ども部屋の本棚で眠らせておいてはいけません。リビングに置いておくのです。

国語辞典は、ルビが振ってあるような小学生用のものと、通常の大人用のものと

（230ページ参照）、できれば『広辞苑』のような重厚なものと、三種類はほしいところです。

辞書によって、載っていたりいなかったり、意味のとらえ方が若干異なったりするケースは多々あります。ある辞書を引いて分からなかった言葉が、別の辞書を引いたらすんなり分かった、ということもあります。**複数の辞書の常備は、必須です。**

さらに、電子辞書も常備しておきましょう。

デジタルな辞書は小学生のうちは早いのでは、などと思うかもしれませんが、そんなことはありません。むろん、アナログな紙の辞書も使い慣れておく必要はありますが、デジタルにも同様に慣れておかないと、損をするだけです。

電子辞書の大きなメリットのひとつは、ある言葉を調べたとき、複数のソース（出典）が同時に表示されるということです。その言葉の定義や解釈を、五種類〜一〇種類の辞書で同時並行して調べられるのです。

紙の辞書を何冊もめくるよりもはるかに効率的であり、読み書きの途中でさっと調べる場合など、本来取り組んでいた読み書きの作業を時間的に妨げることもありません。

そして、忘れてはならないのが**インターネット検索**です。

今や、検索なくして「調べる」という行為は成り立ちません。画像・映像や、付随する種々の情報が得られるというメリットは当然として、情報を取捨選択する能力を日常的に養う一助となるというメリットが実は大きいのです。

この情報は怪しい、この情報は信用に足る、といった選別能力は、一朝一夕には身につきません。スマホ、タブレット、パソコン。**複数の端末を自由に使えるような環境は、小学生であれ必須《ひっす》です。**

さらに、年々その性能を向上させている「生成ＡＩ」も同時に使いこなせるならば、ベストです。

もちろん、ウェブ検索やＡＩ活用におけるリスクを教え、その回避方法を与えることも、忘れてはなりません。

あふれかえる情報の中で、未知や無知を放置することに何の違和感もなくなりつつある今、あえて、未知・無知を「恐れる」姿勢を持ち、それを子どもに示していくことが、親ないしは大人の大切な使命であると、私は思います。

Column

「漢字が覚えられない子」には何がベスト？

突然ですが、「写」の三画目の線と「考」の五画目の線を、全く同じように書いていませんか？　正しくは、前者は左から書き、後者は右上から書きます（前者は「一」のように真横に書きます）。正しく書けているかどうか、お子さんにも試してみてください。

筆画の長短、トメ・ハネ・ハライ、筆順などはもちろん、よく似た漢字の書き方の区別に至るまで丁寧に説明されているのが、『小学漢字1026字の正しい書き方』（旺文社）です。漢字辞典よりずっとコンパクトで、いつでもどこでも手軽に調べられます。必携です。小学校教師時代、私はこの本を全保護者に推薦していました。今は塾の教材として採用しています。

中学入試国語では実は大きな得点源になっている漢字。そもそも、漢字は日本人の大切な教養です。ぜひチェックを。

おわりに

「勉強してよかった」と実感させるために

さて、いかがでしたか。最初は半信半疑だったあなたも、ひととおり読み終えた今は、相当な手ごたえを感じていらっしゃることでしょう。

ただし、**「読んだだけ」では何も変わりません。**

「とても素晴らしいことが書いてあるけど、うちの場合、何か教えようとするとすぐ親子げんかになってしまうから、結局ダメなのよね」

などと言いながら、本をお蔵入りにしてしまう人がいます。

それは、ちょっとあきらめるのが早いように思います。

この本に書かれた方法は、**どれも、「親子げんかになる〝前〟にうまくできてしまう」ほどにシンプルです。**まずは、とにかく、試してみてください。

それが、スタートラインです。

スタートを切ったら、次に大切なのは継続することです。

少し試してみてお子さんの反応がよかった方法を、まずは続けてみましょう。

その結果、「できるようになった」とお子さん本人が実感できたら、しめたものです。あとは、あれこれ指導しなくても、自分からその方法を続けていくようになるはずです。

ただし時々は、この本に立ち返り、**方法が「我流」になってしまっていないかをチェックすることも大切です。**お子さんを見守る中で不安や迷いが生じるたびに、この本を手に取り、方向性が正しいかどうかを確認するようにしましょう。

末筆ながら、この本を世に出すためにお力添えくださったすべての皆さんに、感謝の言葉を申し上げます。ありがとうございました。

特に、いつも私に新しい気づきを与えてくれる教え子たちに、心から「ありがとう」。

ふくしま国語塾・主宰　福嶋隆史

福嶋 隆史（ふくしま・たかし）

株式会社横浜国語研究所・代表取締役。1972年、横浜市生まれ。早稲田大学第二文学部を経て創価大学通信教育部（教育学部）卒業。公立小学校教師を経て、2006年「ふくしま国語塾」を創設（JR東戸塚駅・徒歩2分）。通塾生・オンライン生、募集中（随時入塾可）。「ふくしま式」問題集シリーズ（大和出版）など著書多数。

著者サイト yokohama-kokugo.jp
著者YouTube youtube.com/@fukukoku

塾《じゅく》へ行《い》かなくても得《とく》点《てん》力《りょく》がぐ〜んと上《あ》がる！
ふくしま式《しき》で身《み》につく！ 国《こく》語《ご》読《どっ》解《かい》力《りょく》

2024年4月15日　第1刷発行
2024年9月10日　第2刷発行

著者　福《ふく》嶋《しま》隆《たか》史《し》
発行者　佐藤 靖
発行所　大《だい》和《わ》書房
東京都文京区関口1-33-4　〒112-0014
電話　03（3203）4511

装幀・本文デザイン　岩永香穂（MOAI）
イラスト　加納徳博

本文印刷　厚徳社
カバー印刷　歩プロセス
製本所　小泉製本

ISBN 978-4-479-39428-0

http://www.daiwashobo.co.jp/